石に願いを

葉月ゆう

サンマーク出版

3「パラパラめくり」で、チャクラを整える

チャクラを整えたいときは、**この本をパラパラとめくってください。そしてその風を浴びて、音を聞いてください。**エナジーフォトの色合いを楽しむのもいいでしょう。

チャクラを整えるために必要なのは、たったこれだけです。「簡単すぎて信じられない！」という人は、あなたの前提を変えてください。何かを達成したいとき、難しいことや、面倒なことをしなければならないと思っていませんか？　それは間違い。**わたしたちは本来、光の速さでどんなことも実現できる存在です。**

4 願い事を紙に書いて、好きなページに挟んで宇宙に放つ

この本の一番すごいところは、石を買ったりクリスタルグリッドを組んだりしなくても、それと似たエナジーの装置を、簡単に作ることができるところです！　**いますぐ、小さな紙にあなたの願い事を書いて、この本に挟んでください。**あなたがするべきことは、それだけです。

書き方は、「現在進行形」または「完了形」で書くか、七夕の願い事のように「○○になりますように」と書いてもいいでしょう。

例：「100万円の収入がありました。ありがとうございます！」
　　「100万円の収入がありますように」

美しい紙に、美しい文字で書くというのも大切です。**宇宙は美しいものが大好きなのです。**あなたの美意識での「美しさ」でかまいません。

恋愛や人間関係の願いなど、相手がいる願いを書く場合、気をつけたいことがあります。それは、自分以外の相手を特定しないことです。

他人の人生に、関与することはできません。「○○さんと結婚できました」と相手の名前を書いても、残念ながらそれはかなわないのです。それよりも、**あなた自身にスポットライトを当ててください。**

願いがかなったあなたが、どんな気持ちで日々を過ごしているのか、想像してください。「喜びに満ちあふれている」のか、「心から満足している」のか、「毎日笑顔で笑いが絶えない」のか、「魂が震えている」のか。そういった体感も含めて、**あなたがどうなったらうれしいのかを紙に書いて、好きなページに大切に挟んでください。**

この本の魔法を引き出す使い方

1 持つ

この本には、**石の精霊が写り込んでいるエナジーフォトやクリスタルグリッド（石の魔法陣）が収録されています。**そのため、この本に触れることは天然石のエナジーに触れることにとても近いのです。

エナジーフォトを眺めたり、体に置いたりすると、チャクラという体にあるエナジースポットに良い影響を与えます。

2 「浄化のクリスタルグリッド」で浄化する

どんな魔法を使うときも、最初に必要なのは浄化です。

巻頭カラーの「浄化のクリスタルグリッド」は、ものやあなたのオーラを浄化するエナジーフォトです。浄化とは、エナジーを流して整えること。あなた自身が整わない状態では、すんなりと願いをかなえることができません。あなたがいる空間や、自分のオーラ、体や道具。それらを浄化することで、魔法を迎える準備になります。**じつはこの本も、「浄化のクリスタルグリッド」によって常に浄化されています。**それは、あなたの手元に天然石があることと似ています。

あなたが疲れているとき、頭の中がごちゃごちゃしているとき、この写真の上に左手を置いてください（左利きの人は右手が効果的な場合があります）。写真のエナジーが手のひらから伝わり、ハートを通ってあなたをクリアリングしてくれます。1分ほど手のひらを乗せればＯＫです。体感がある人もいますが、ない人もいます。そこは気にせずに。

天然石のアクセサリーや、お手持ちの石を浄化することもできます。石の浄化を行うと、浄化前よりも石がキラキラし、色艶が良くなります。

「浄化のクリスタルグリッド」やこの本の上に、浄化したいものを乗せてください。こちらは**2、3時間、または一晩置いておくと良いでしょう。**人間のエナジーは出入りが激しく、変化が速いのですが、ものの浄化は少し時間がかかることがあります。

また、**満月の夜に月明かりの下で行うと、強力に浄化されます。**

石に願いを

Contents

Prologue

石の魔法の世界へようこそ

Chapter
1
なぜ、石には秘密の力があるのか？

Chapter 2

石の形が生み出す、誰も知らない秘密

Chapter 3

聖なる力を呼び覚ます石の魔法陣
――クリスタルグリッド

Chapter

4

石と魔法とアカシックリーディング

魔法使いのあなたへ……

キリトリ

浄化のクリスタルグリッドの構成石

エンジェルオーラクリアクォーツクラスター、エンジェルオーラローズクォーツタンブル、エンジェルオーラアメジストタンブル、エンジェルオーラクリアクォーツさざれ、ブラジル産水晶さざれ、ホワイトアラゴナイト

使用方法

あなたが疲れているとき、頭の中がごちゃごちゃしているとき、この写真の上に左手を置いてください（左利きの人は右手が効果的な場合があります)。天然石のアクセサリーや、お手持ちの石を浄化することもできます。この上に、浄化したいものを乗せてください。くわしい使い方は、2、3ページをご覧ください。

期待できること

恐れと迷いを浄化、邪気祓《ばら》い、葛藤を手放し調和を促す、足元まで浄化し地に足をつけてくれる、秘められた能力の解放、クラウンチャクラ（頭のてっぺんのエナジースポット）の活性化、愛や喜びにフォーカスできるようになる、周りの幸せを歓迎できるようになる

Epilogue

マジカルな時代を生きるわたしたち

装丁　轡田昭彦＋坪井朋子
イラスト　竹熊ゴオル
写真　葉月ゆう
編集協力　株式会社ぷれす
企画協力　ブックオリティ
編集　金子尚美（サンマーク出版）

石の魔法の世界へようこそ

石の精霊に聞いた願いをかなえる方法

すべての石には、精霊が宿ります。

それはいわゆるパワーストーンだけでなく、山や川、海で出合う石、散歩中に出合う道端の石にも、精霊は宿るのです。

そんな**石たちはとても優しく、いつも人間を整え良い方向に導いてくれます。**

そして、石の精霊たちはものすごく働き者。いつもわたしたちの願いをかなえてくれようとしています。

だから、精霊たちにお願いしたことはすぐにかないます。

この本では、さまざまな石の秘密や、そのパワー、クリスタルグリッド（石の魔法陣）の紹介をします。ですが、新たな石を無理して買ったり、難しいグリッドを作ったりする必要はいっさいありません。

この本には、石の精霊たちの力を最大限に受け取れるような「仕組み」がほどこされています。それどころか、文章を一言一句しっかり読む必要さえないような魔法を仕掛けています。

ただこの本をパラパラとめくってください。

また、気になるページに紙に書いた願い事を大切に挟んでください。

この本の使い方さえマスターすれば、あなたは石の魔法のパワーを受け取ることができます。

「パワーストーンを持っても願いなどかなわなかった」

……こう思った人もいるでしょうか。

じつは、石の精霊に願いをかなえてもらうには、ひとつ条件があります。

「葛藤がなければ、かなう」ということ。

葛藤というのは、本当の願いと真逆なことを同時に願ってしまうこと。

たとえば「もっと稼ぎたい」と願ったとします。

同時に、「お金を稼いだら夫に何か言われるかな」と心配してしまう、「お金を稼ぎたいなんて強欲かしら」と願いを打ち消すようなことを思ってしまう、ということです。

この葛藤があると、精霊たちはどちらをかなえたらいいのか混乱します。

頭では理解できても、この葛藤を手放すのはじつは簡単ではありません。

ですが、心配しなくても大丈夫。

石の精霊は、たくさんの情報を教えてくれました。

この本を読むことで、葛藤から解放され、石の魔法がかかる仕組みになっています。

3歳の頃に出会った石の隙間に棲む〝金色のカタツムリ〟

申し遅れました。わたしは、葉月ゆうと申します。
石と会話できる**「石の魔術師」**であり、目に見えないエナジーまで写し出す写真を撮る**「エナジーフォトグラファー」**です。

初めて「石の精霊」に出会ったのは、3歳のとき。

その頃、実家の庭に大きな庭石が積んであり、よくそこに座ったり、近くで遊んでいたりと、時を過ごしていました。

あるとき、子供のわたしの手がやっと入るような庭石の隙間に、**たくさんのキラキラと光る小さな〝金色のカタツムリ〟がくっついている**のに気がつきました。

いま思うと、1ミリくらいの大きさだったでしょうか。あまりにも小さいので、他の人は気づかないのだな、と思っていました。

美しい渦巻きを持った金色の殻が記憶に残っています。すごく小さいのに、とても輝いていたのでいつも簡単に見つけることができました。

そのカタツムリを毎日、小さな手のひらに集めて家に持って帰りました。でも次の日になると、**その小さなカタツムリはいなくなっているのです。**

時が経《た》ち、20代になってから、突然そのカタツムリのことを思い出しました。

「あのカタツムリはどんな種類だったのかな?」と、ふと気になったのです。

でも、いくら調べても、図鑑にもインターネットにもどこにも載っていません。

そのことを友人に話すと、「それって、ジブリ的な体験(通常は目に見えない精霊との交流のこと)なんじゃない」と告げられ、ハッとしました。

あれはカタツムリではなく、**庭石に棲《す》む「精霊」だった**ことに気づいたのです。

幼い頃の見えない存在からの不思議レッスン

友人から告げられた「ジブリ的な体験」というフレーズに、わたしの薄まっていた数々の記憶が、時間をかけて少しずつ蘇《よみがえ》りました。

実家のお仏壇にあった先祖の写真が、夜になると何十人もの顔に入れ替わって、動画のように見えたこと。

チョコレート菓子の「銀のエンゼル」が透けて見えたこと（なぜか「金のエンゼル」は見えませんでした。近くのスーパーには滅多に出回っていなかったのかもしれません）。

また、どんな見えない存在に教えてもらったかは思い出せませんが、**自分の名前（ファーストネーム）をたくさん書くと、自分が整っていく**ということを教えられました。

小学生の頃、2歳下の弟が肺炎を悪化させました。母は病院でつきっきりになり、わたしは毎日祖母と寝ていました。その頃の記憶はとても薄いのですが、きっと寂しかったのだと思います。

おそらくその頃でした。**見えない存在に「自分の名前を消えないペンでたくさん書きなさい」と教えてもらった**のです。

それからというもの、実家の廊下に、自分の名前をマジックで何十回も書きました。

家族は驚いたことでしょう！　なんせ消えませんから（笑）。

名前を書くのはとても楽しくて、わたしは寂しさを忘れ、元気を取り戻すことができました。

この**「名前を書く」という魔法**は、形を変え、中学生くらいまで続けました。

冬場の凍った車の窓ガラスに爪で書いたり、体育の時間に校庭の砂に書いたりと、消えないペンで書けないときも、いつも名前を書いて自分を整えていました。

このような体験を、大人になってから少しずつ思い出していったのです。

ある日突然話しかけてきた「イヤリングの石」

不思議な体験を少しずつ思い出しながらも、わたしの日常が変化することはありませんでした。

30代になり、結婚・出産を経て、わたしは人生の大きな挫折といえる時期を過ごしていました。10年ほど続けていた「スピリチュアル」や「自己実現」の学びを、夫や両親の反対でやめることになったのです。

未熟だったわたしは、続けたい理由をうまく家族に説明できなかったのです。

つらい体験でした。**人生にたったひとつ灯《とも》っていた光のような場所を、わたしは30代の前半で失いました。**

やりがいを失いつつも、二人目の子供には恵まれ、それなりに穏やかに暮らしていたある日、ある作家のオフ会で一人の女性に出会いました。

彼女は耳に大きな石のついたイヤリングをつけていて、その石は、何とも美しくキラキラと光っていました。

「その石かわいいね」

そう彼女に話しかけた、まさにその瞬間でした。

その石が、突然わたしに話しかけてきたのです。

「わたしを見て！　わたしのような石を買って！」

言葉が聞こえたというより、**テレパシーのように眉間のあたりにメッセージが響いてきた**のを覚えています。

わたしに話しかけてきた石は、アポフィライトという石。

チャネリングや、アカシックリーディングにとても向いている石だということは、後から知りました。

石に話しかけられると心が動く！

石に話しかけられる感覚は、人に話しかけられるのとはまったく違います。

脳に石からのメッセージが入った瞬間に、衝動的に心が動くのです。

このときわたしは、どうしても石が欲しくなりました。「買って！」と言われたから何となく買うというのではなく、**自分の中にときめきやワクワクする気持ちが生まれました。**石を買う、とその瞬間「決めさせられた」のです。

それは、大袈裟ではなく本当にずっと待ちわびた感情でした。

わたしは小さい頃から、欲しいものや大好きなものがわからない子供でした。「何が欲しい？」と聞かれても、欲しいものがわからなくて、でも何かが欲しくて泣いていたのを覚えています。

高校生になって、何となく好きになったアートに触れてみたけれど、芸術大学に進学すると、周囲には自分よりアートが好きな人たちばかり。

「わたしって本当に中身が空っぽだな」と、自分に落胆しました。

その後も、就職したいと思えず、大学の講師やアルバイトを掛け持ちしながら生活していました。就職すれば自分に折り合いもついたのかもしれませんが、それができない極端な性格で親を困らせました。

好きなことで稼ぎたいという気持ちも、年齢を重ねるごとに薄れていきました。

23歳から学びはじめた「占い」で、２０００人以上の人を無料で鑑定しましたが、当時は仕事にはしませんでした。

そんなふうに生きてきたわたしが、**この日、出会った女性のイヤリングの石によって突然衝動とときめきに襲われたのです。**

そう、石にはそんなパワーがあるのです。

いま伝えたい石の精霊からのメッセージ

初めて石をお迎えしたときに、なぜだか「クリスタルグリッド（石の魔法陣）」が目につきました。そこで石と一緒に、幾何学模様が入った透明なプレートも迎えました。

それが **Chapter 3** でお伝えする「クリスタルグリッド（石の魔法陣）」との出合いです。

グリッド（魔法陣）を作ったり、石を眺めたりしているうちに、「もっと石とお話しできないかな」と思うようになりました。

そうして出合ったのが、アカシックリーディングです。

アカシックリーディングとは、この世のすべての情報が集まる「アカシックレコード」にアクセスする方法のことです。

アカシックリーディングでわかることは、あらゆる個人の情報です。さらに、何百回も重ねて訓練していくうちに、チャネリングもできるようになってきます。

わたしはアカシックリーディングに出合い、石の精霊とよりおしゃべりできるようになりました。

いままでは、アカシックリーディングとチャネリングの講座を自分で開くほど、わたしはこの世界が大好きになりました。**まさに石の精霊との対話が、わたしを使命に向かわせたのです。**


最初にお話ししたように、この本には魔法が仕掛けられています。
2、3ページの「この本の魔法を引き出す使い方」にあるように、本に仕掛けられた浄化、チャクラ活性、願望成就……といった魔法の数々は、**あまりにも画期的すぎて、人に教えたくない方法です。**

この方法を教えても、どれだけの人が、それを受け入れるかわからないのです。

だから、教えたくないというのもあります。

ですが、石の精霊は対話の中で、こう教えてくれました。

「この情報は、この時代に生まれたみんなのものだよ」

ですから、出し惜しみせず、石の精霊に教えてもらった情報をあなたにお伝えしていきましょう。

魔法を備えた本が出版される時代が来た

このような魔法は、少し前までは本の中で行うことは困難でした。

あなたも聞いたことがあるかもしれません。西洋占星術では2020年まで「土の時代」が200年ほど続いていました。「土の時代」は物質主義の時代。いわゆる「お金」「もの」「固定観念」「終身雇用」は土の時代の価値観です。形あるものや、具体的な安心を大切にするというのが主流でした。

土の時代の「物質」を大切にする世界では、**形ないものを信じる力が、とても弱かった**のです。数年前にもし、「この本には魔法が仕掛けられています」と書いたら、信じられる人はほとんどいなかったでしょう。

2021年頃から「風の時代」に入りました（諸説あります）。

風の時代とは、情報や知識、イメージ力や目に見えないことが、大切にされる時代です。「精霊」や「見えないエナジー」を、人々が自然に受け入れる世界です。だからこそ、**魔法を備えた本が出版される時代なのです。**

少し前まで、魔法やアカシックリーディング、チャネリングは、修行をした人が習得するものでした。これからはどんどん開かれたツールになっていきます。

魔法は、特別な魔法使いのためだけのものではありません。また、アニメや映画の中だけのエンターテインメントでもないのです。

この本の仕掛けを、魔法と呼ぶかどうかはあなたにお任せします。

まずは、体感してみてください。

あなたはただ、この本に出合うだけでいいのです。

もちろん、**しっかり読んでいただければ、さらに面白いエナジーを受け取ることができます。**

あなたの生活スタイルに応じて、自由に楽しんでくださいね。

さあ、さっそく石の魔法の世界へ足を踏み入れてみましょう。

Chapter

1

なぜ、石には秘密の力があるのか？

なぜ、石の下に願い事を入れるとかなうのか？

「わたしを見て！　わたしのような石を買って！」

Prologueでお話ししたように、出会った女性のイヤリングの石にこう話しかけられてすぐ、わたしは3つの石を買いました。

クリアクォーツ、シトリン、エンジェルオーラアメジストという石です。

その石を買ったのは2020年の1月ですから、まだ最近のことです。

どれもきれいで、毎日なでたり、月明かりに照らして浄化したりとかわいがっていました。

そして、一緒に「シードオブライフ」という幾何学模様が描かれた透明なプレートを買いました。

シードオブライフというのは、「生命の種」と呼ばれる幾何学模様です（のちにシードオブライフは、何かを始めたいときに石の下に置くと効果があると知りました）。

石を幾何学模様の上に置いて、石の下に願い事を入れるとかなうらしい。

このことを知ったのは、初めて石を買ったときでした。

その天然石のショップでは、石と一緒に幾何学模様のプレートを売っていたのですが、それがとても美しく、心惹《ひ》かれたのです。プレートの使い方をお店に聞いたところ、**幾何学模様の上に石を置いて、願いをかける方法**があることを知りました。

あなたなら、そう言われてすぐ信じるでしょうか？

わたしは正直信じられませんでしたが、とてもワクワクしたのです。

このワクワクした気持ちに従ってみよう、そう思ったのです。

とはいえ、当時わたしの通帳に記載されていたのは、わずか5万円のみ（笑）。

わたしはその5万円をすべて使い、石と幾何学模様のプレートを買いました。

石を買ってから何日か経《た》った頃、遊び半分で、**クリアクォーツの下に「1か月後に30万円稼ぎます」と書いた紙を置きました。**

30万円というのは、当時のわたしにとって、稼げるはずがないと思っていた金額です。そして、シードオブライフのプレートの真ん中に、願い事の紙とクリアクォーツを置き、ついでにシトリンとエンジェルオーラアメジストも、適当にプレートの上に配置しました。全財産をはたいて買った石と幾何学模様のプレートですから、願掛けしてみようと思ったのです。

願い事を石の下に入れて、間もなくのことです。

わたしの占いを受けたいと、何人もの人からメールが来ました。

数か月前に占ったある霊能者の方が、わたしの占いを気に入ってくれたのです。その方のクチコミで、お客様がたくさん来てくれました。

そして結果的に、**わたしはいままでにいただいたことのない金額の鑑定料をいただくこととなった**のです。

最初の願いは40日でかなった！

占いで稼いだお金はこのとき、15万円程度でした。

この頃からわたしは、石に願掛けした願い事がかなうのではないかと思いはじめました。

「30万円までの残りを、どうやって稼ぐのだろう？」

そう考えていました。

そんなある日のこと。わたしの占いを広めてくれた霊能者の方が「石を売った方がいいよ」と言うのです。

じつは占いに使っていたタロットカードの浄化に、天然石を使っていました。そのための天然石は海外の氣《き》（エナジー）の良いところから購入していました。

「それを欲しい人がいるだろうから売った方がいい」と霊能者の方は言うのです。

石のショップをやるような経歴は何もありませんが、わたしは占いで稼いだお金で、少しの石を仕入れてみました。

石が欲しい人がいるかどうかもわかりません。

ですが、自分がこんなにも惹かれたものだから、きっと他にも同じくらい惹かれる人がいるはずだと信じてみました。


石は少しずつ売れていきました。そして、ちょうど30万円を稼ぐことができたのです！　**1か月後という期限は過ぎたものの、40日後に願いはかないました。**

当時のわたしにとって、一般の会社員と同じぐらい稼ぐというのは、夢のようなことでしたから、**興奮して石たちに「ありがとう」と伝えました。**


調子に乗って、次の月にも願い事を書いて石の下に入れました。金額を少し大きくして……。ですがまた、**その願いも40日くらいでかないました。**

そんなことを半年くらい続けて、わたしはいつの間にか、占い師として講座を開くようになっていました。趣味でいいと思っていた占いを、教えてほしいと言ってもらえるようになり、**わたしの人生は明らかに変わっていきました。**

このとき、わたしの願いをかなえつづけた魔法を**石の魔法陣＝クリスタルグリッド**といいます。

この魔法については、**Chapter 3** でくわしくご紹介しますね。

ちなみに、もしあなたがこのような方法で、**石に願いをかなえてもらったら、ぜひお礼を伝えてください。**

石はますます輝きを増し、とても美しくなります。

石とコミュニケーションを取ると、石はあなたにとって、かけがえのない相棒になっていきます。

それはとても心強いことですし、石もとても喜んでくれますよ。

「人の役に立ちたい」
――石と話してみたら言っていたこと

石の魔法を深めていく中で、わたしはアカシックリーディングに出合いました。

アカシックリーディングとは、地球の周りにあるアカシックレコードという、想念エナジーにアクセスして、情報を得る方法のこと。

アカシックリーディングでは、人生の目的、過去世など、あらゆる個人の情報を得ることができます。このアカシックリーディングを習得すると、自然とチャネリング能力も開花していくことがあります。

わたしはこの方法で、石の精霊とチャネリングするようになりました。

それをわたしは「石と話す」と表現しています。

石の声に、わたしはいつも耳を傾けていました。

石は持つ人を選んでいるということや、**スカル（ガイコツをモチーフに彫刻された石）が怖いものではなく人間や地球にとても必要なもの**であることなど、多くのことを石の精霊から教えてもらいました。

石と話すことも、だんだんとスムーズになってきたときのことです。

ふと「なぜこんなにも願いをかなえてくれるの？」と石に聞いてみたことがあります。すると、石は、こう教えてくれました。

「わたしたちは、人間の役に立つためにここにいる。
そのために、こんなにもさまざまな色や結晶構造をしている。
人間が忘れてしまったことを、わたしたちは覚えている」

すべての意味はわからなかったけれど、石が人の役に立ちたがっているのだと、そのときはっきりと感じました。

だから、わたしたちが意図すれば、石はその意図をかなえてくれます。

石は、わたしたちが忘れてしまった魔法を、はっきりと覚えています。

そして、わたしたちに魔法を思い出させます。

ずっと昔、**わたしたちの祖先が石に込めた思いが、時を超えていまわたしたちに届けられようとしているのです。**

そしていまなら、その声を聞くことができます。

そういう時代が来たのです。

精霊がいるとき、こんな合図をしてくれる

「中に精霊が棲《す》んでいる」

あるとき、石について教えてもらっていた先生に、ガーデンクォーツについてこう教えてもらいました。

ガーデンクォーツは、苔《こけ》や藻のように見える内包物があり、中にガーデン（庭）のような景色が広がっている、とても美しい水晶です。たしかに、ガーデ

ンクォーツの中は精霊が棲んでいてもおかしくないような美しい世界です。

わたしは、時に精霊を「光」として目視することがありますが、ガーデンクォーツの中に目視はできませんでした。そこで、自分のガーデンクォーツに問いかけました。「もし精霊が棲んでいるなら、何か合図してみせて」

するとその瞬間でした。**ガーデンクォーツの中に虹ができたのです！**

さっきまでは気づかなかった虹が、瞬間的に出てきたのを見て、「ああ、精霊が応えてくれた」と感じたのでした。


このように石に、虹が増えることがあります。

昨日までは気づかなかったのに、今日は虹が出ているなと思ったとき、大体そこには精霊がいます。

とはいえ、虹を映し出せない不透明な石もたくさんありますから、必ずしも虹で表現されるばかりではありません。**艶が出てきたり、色が鮮やかになったり、模様が変わることも、形が変わることもあります。**

なくしてしまったとき、石は何をしているのか？

また、急に石がなくなってしまうこともあります。

それも多くは精霊の仕業です。

どんなに捜しても、石が見つからないときは、その石は違う場所のサポートに行っていることがあるのです。

大体の場合、そこにも石の精霊がお供しています。そして、どんなに捜しても見つからなかった場所から、ひょっこりと石が出てくることがあります。サポートの役目を終えた石は、帰ってくることもあるのです。

石と精霊は、必ずしもセットではないのですが、たくさんの精霊が集まってきたり、遊んだりと、石の周りには良いエナジーが集まってきます。

だからこそ、**石を置いておくだけで部屋が浄化されたり、人がヒーリングされたりする**のです。

あなたがもし、石を持っていたら、よく観察してみると精霊の存在に気づくかもしれません。

たとえば**公園や神社にある大きな岩や、石で作られた銅像にも、精霊はやってきます。**その場の空気や雰囲気を、美しくしてくれているのです。

そしてあなたが望めば、この本にも精霊は集まってきます。

まるで天然石のようなエナジーが、この本からは発せられています。この本を置いておくだけでも、その場所には良いエナジーが放たれます。

写真や、本の行間を眺めていると、精霊を感じるかもしれません。

「金」は強力でポジティブな魔力を秘めている

金が鉱物だということは、忘れている人も多いですね。

天然石ショップでも、金はほとんど見かけません。

ですが、昔から役割を与えられて使われてきました。


たとえば、古くからヨーロッパをはじめとした王族が、必ず身につけている王冠の多くは金でできていて、宝石で装飾されています。

頭に金や宝石を戴《いただ》く本来の意味は、王だと知らしめるためではありません。

じつは王冠は、持ち主が天の声を聞くための装置です。王冠は、魔法が込められた宇宙への伝達装置なのです。

頭は、天と繋《つな》がるエナジーをもっている場所。頭のてっぺんのエナジーの出入り口を、クラウン（王冠）チャクラと呼びますが、これは**王冠が「天と繋がる装置」である**ことをそのまま意味しています。

古くから王冠に使われてきた金は、クラウンチャクラを活性化させる一番の鉱物です。

金は、負のエナジーに影響されない、もっとも使いやすい鉱物のひとつです。

国を統率する王族が、王冠に金を好んで使ってきたのは、その強力でポジティブなエナジーの魔力を知っていたからです。金によって、余計な念を受けずに、天の声を聞いて国を統治していたんですね。

エナジーをよく理解している人は、やはり金をうまく使っています。

わたしが小さい頃、地元の愛知県にある、お菓子の城というテーマパークに、母がよく連れて行ってくれました。

そのお菓子の城を作った竹田和平さんは、日本一の投資家といわれた方。和平さんは生前、**大きな金で作られたベルトをお腹に巻きつけていた**そうです。

わたしの考えでは、和平さんは下丹田（おへそから3寸下にあるポイント）に金を巻き付けておくことで、自分のエナジーを高めていたのではないかと思います。下丹田は、武術や禅で重視されているポイント。**その下丹田を金で安定させ、その結果、日本一の投資家になられたのかもしれません。**

また金は、人間がうまく使えていない能力を解放します。

王族が王冠を使って、天の声を聞いたように、金はあなたが普段閉じ込めている能力を解放します。

金を身につけたいときは、大きなものでなくても大丈夫。**小さくても確実な効果をもたらしてくれます。**指輪やペンダントを身につけるのもおすすめです。

また、金箔《きんぱく》をアイスに乗せて食べたり、金箔パックで肌を整えたりと、金を取り入れる方法は意外と多くあります。

友人にまるで魔女のような人がいますが、彼女は「死の運命」を書き換えるために、金箔をシャンプーに入れて使ったそうです。

あなたも、金を生活に取り入れることで、簡単に**王族と同等のパワフルなエナジーを身にまとうことができます。**

金は高価ですので難しい場合もありますね。

そんなときは、**タイガーアイという石がおすすめです。**

タイガーアイは石の中でも古くから愛用されており、強力なパワーストーンのひとつです。金の代わりに使うのに適した石です。

「あなたはどうしたい？」そっと寄り添う「銀」のエナジー

金が良いなら「銀」はどうなのだろう、と思いますか？

銀もまた、古くから王冠や王族の装飾品に多く使われてきました。とてもエネルギッシュな鉱物で、時に金よりもパワフルだと感じることもあります。

金が太陽のように光り輝くポジティブな存在だとすると、**銀は暗闇に輝く月のようなエナジー**。月は潜在意識の象徴でもあります。銀は人間に見えないもの（潜在意識）があることを教えてくれます。

銀はそっとあなたの気持ちに寄り添い「あなたはどうしたいの？」と問いかけてくれるような存在。

精神的なサポートが欲しいときには、銀を選ぶと良いでしょう。

わたしは、金と銀を半分ずつ使ったデザインの結婚指輪を身につけています。結婚するときに、夫と一緒に手作りしたものです。

指輪を回転させると、金の指輪に見えたり、銀の指輪に見えたりします。

普段は金銀の両方見えるように、金と銀のつなぎ目を指の中心にもってきて身につけているのですが、たまに面白い現象が起こります。

不安に感じることが起きたとき、ふと指輪を見ると、**必ず銀の面だけが見えるように指輪が回転しているのです。**

最初は、「あれ、また銀しか見えなくなってる」と思っていたのですが、次第に気づきました。わたしが精神的なサポートを欲しているときに、指輪の銀の面が目につくようになっていたのです。不安になったときに、ふと結婚指輪を見る癖があったのは、銀の効果を感じていたからかもしれません。

科学的に用いられている〝魔法の石〟がある

アクセサリーとしても身近な水晶。**水晶は魔法を現実にした石です。**

現代のわたしたちにとって、なくてはならないスマートフォンやパソコンは、水晶なくしては発明できませんでした。**水晶を機械に使った原点は、クォーツ腕時計にあります。**

世界で初めて腕時計にクォーツ（水晶）を仕込むことに成功したのは日本のセイコーです。それまで、1日に数分ずれてしまうのが当たり前だった腕時計の狂いを、月差わずか5秒程度に縮めました。

水晶だけがもつ固有の振動により、腕時計が正しいリズムを刻むことができるようになったのです。

いまでは、スマートフォンやデジタルカメラの機器にも「水晶デバイス」が仕込まれています。わたしが小学生の頃は、こんなデジタル機器によってさまざまなことができる世界など、想像もつかなかった。そう考えると、水晶はもう立派な魔法なのではないでしょうか。

わたしたちの生活を飛躍的に発展させた、魔法のような水晶ですが、水晶と一口にいっても、その種類は多岐にわたります。

透明な水晶をクリアクォーツ、またはロッククリスタルと呼びます。紫色の水晶はアメジスト。黄色ならシトリン。ピンクならローズクォーツ。ブラウンならスモーキークォーツ。針が入っていたらルチルクォーツ……といった具合に、**色や特徴によって水晶の呼び名が違います。**

「水晶」がさまざまな色をしている驚きの理由

こういった説明は、一般的な水晶の説明としてはありふれています。

ですが、ここで少し立ち止まってほしいのです。

なぜ、こんなにもたくさんの色彩の水晶が地球上で発見されているのでしょうか。こんなにもカラフルに成長する必要があったのでしょうか。

先述しましたが、石はこう言っていました。

「わたしたちは、人間の役に立つためにここにいる。そのために、こんなにもさまざまな色や結晶構造をしている。人間が忘れてしまったことを、わたしたちは覚えている」

もしかしたら、水晶にこんなにたくさんの色があることにも、理由があるのかもしれません。わたしはもう一度、石に聞いてみました。

「どうしてこんなにたくさんの種類の石があるの。同じ種類でも、たくさんの色合いがあることに意味はあるの?」

答えは、「人間のため」でした。

「人間のため？？？」

そうは言われてもわたしは疑っていました。世の中に「人間のため」に存在する自然があるとは、想像することができませんでした。

なぜなら、人間はいつも自然を破壊している側。

自然に恨まれることはあっても、万が一にも、人間のために自然が存在するなんてことは、あってはならないことのようにさえ感じていたのです。


しばらくはこの言葉の意味がわからずにいました。

人間のためにいろいろな色をしていたとしても、地中に埋まっていたらわからないじゃないか。人間に見つけてもらわなければ、どんなに美しい石も意味がないということ……？　たくさんの疑問が湧いてきました。

「人間のため」と聞こえたこと自体が、石が好きなわたしのエゴなんじゃないかと思った日もありました。


そうして石とのコミュニケーションを続けたある日、気づいたのです。

石は、「必ず人間が自分を見つけると知っている」のです。

見つけてもらう確信をもって、石はいろいろな色をしているということを。


そんな気づきを与えてくれた石との会話を紹介しましょう。

「よくわたしのところに来てくれたね。美しいね、奇跡みたい。来てくれてありがとう」こんなことを石に話していると、答えが返ってきました。

「人間はこの奇跡に気づいていない」

わたしは「どういうこと？」と問いかけました。

すると石は続けました。

「わたしたちは、人間のエナジーを調整するために、たくさんの種類や色に分かれて存在しているのだよ。

そして役目が来るまで、地中の奥深くに眠っている。

これを奇跡といわず、何といおうか」

奇跡のように美しく優しい自然界の魔法

わたしは、だいぶ後になって、この言葉の意味を理解しました。

現代人にとって、天然石がいろいろな色や構造をしていることは、ごく当たり前のこと。生まれたときから石は身近にあり、図鑑やインターネットを開けばいつだって石の写真を見ることができます。

さらには、世界中の石はインターネットを通じて、ある程度手に入れることができる。そんな便利な世界に生まれたわたしたちは、大事なことを見落としています。

それは、**「奇跡のように美しく優しい世界で、この瞬間も生かされている」**ということです。

世界は本当に、わたしたちに優しいです。

特に日本という国には四季があり、さまざまな植物が花を咲かせ、実をつけます。**そんな森羅万象も、ある意味では人間のため**だということを、わたしはさまざまな講座や書籍から学びました。

ある先生は「植物が緑色をしているのは人間のため」だと言いました。効率的に光合成をするならば、黒に近い色の方がいい。でも、植物は緑色をしている。それはなぜでしょう？

その先生に言わせると、それは紛れもなく人間のためなのだそう。


この話を聞いたとき、「石が言っていたことと同じだ」と思いました。

わたしたちのハートチャクラや鳩尾《みぞおち》のあたりにあるチャクラは、緑色のエナジーによって癒され、整います。植物はそれを知っているのです。緑色の天然石も、植物と同じようにそれを知っています。

これをわたしは「魔法みたいだ」と感じています。

すでにわたしたちのために世界があり、わたしたちを生かすために、石たちは今日も地中に眠り、掘り起こされることをわかっています。

もし、自然界が人間のために役割を果たしていることに、本当に人間が気づいたら、自然との関わり方はずいぶん変わるでしょう。

石や植物と会話できることも、不思議なことではなくなるでしょう。

わたしたちが、この混沌《こんとん》とした社会を何とか生き延びているのは、石をはじめとするとても優しい自然界の「魔法」のおかげなのです。

この偉大なる助けがなければ、わたしたちはとっくに自滅しているでしょう。

多くの添加物を体に入れて、農薬を撒《ま》き、毎日の悲惨なニュースをテレビで見ている。そんな世界で何とか生きているわたしたちが、**これから地球のためにできることは、感覚に繊細になることです。**

そしてこの世界の奇跡に、感覚で触れることです。あなたは普段、目で見るか、文章で読むか、耳で聞くことに慣れているかもしれません。

感覚で触れるとは、見たり、読んだり、聞いたりするときに、自分の感性で世界を見ること。見るがまま、言われるがままに、世界を判断するのをやめて、自分の感覚で受け取ることです。

世界の奇跡に、あなたの感覚で触れることを大切にしてみてください。毎瞬起きる奇跡に、敏感になれるでしょう。

石の世界は、わたしたちがこれからを生きるための、微細な感覚を開く扉です。

この本のところどころにある、天然石のエナジーフォトを眺めてください。

そして感覚的に、体の好きな箇所にそのページを置いたり、写真に手のひらを当ててみたりしてください。そうすることで、徐々にあなたの感覚は開いていきます。

すでに感覚が開いている人は、きっといろいろな感じ方をすると思います。

その感覚は、石の精霊とお話しするときの感覚と同じです。

この世界の奇跡に敏感になってください。

それはわたしからのメッセージではなく、石からのメッセージです。

人間は液体のクリスタルでできている

人間はリキッドクリスタル。

わたしたちは、液体状の水晶（ここではクリスタルと呼びましょう）でできている。


石の勉強を始めて間もなく、わたしはこのことを知りました。

この言葉に、わたしは心が躍りました。美しくて尊くて、大好きなクリスタルと、わたしたちは同じだというのです。

水晶の主成分は二酸化ケイ素です。二酸化ケイ素とは、ケイ素の酸化物。ケイ素は、水晶をはじめとする鉱物に、多く含まれている成分です。

では、人間の体にケイ素はあるのでしょうか？

じつはわたしたちの主要な臓器、組織のあらゆる部分に、ケイ素が含まれています。

目や骨、皮膚、神経、血管、血液、五臓六腑《ごぞうろっぷ》、あらゆる臓器、組織にケイ素が含まれています。

わたしたちとクリスタルは、同じ成分を含んだ物体なのですね。

同じ成分を含んだ人間とクリスタルですが、決定的な違いは何でしょうか？

それは、**生きている時間軸の違いです。一般的に水晶は、１００年かけて1ミリ成長するというスピードで生きているといわれています。**

わたしたちはというと、クリスタルが１ミリ成長している間に一生を終えてしまいますね。

人間からすると、クリスタルの成長はあまりにもゆっくりで、目で追うことはおろか、感じることも難しい領域です。

クリスタルの生きている時間軸と、わたしたち人間が生きている時間軸はまったく違います。

だからこそ人間はクリスタルの恩恵を受けることができるのです。

石を持つと良い影響がある理由は〝時間軸の差〟

「リキッドクリスタル」であるわたしたちは、流動性のあるクリスタルのような存在です。石のような安定性はなく、**常にエナジーが速く動いています。**

どういうことかというと、たとえばあなたが今日、朝起きたらとても目覚めがスッキリとしていて、気持ちよく散歩に出かけたとします。

過ごしやすい気候で、風が気持ちいい。花が咲いていて、いい香りがしてきます。「ああ、世界って素敵だな」「生まれてきて良かったな」と思ったとします。想像してくださいね、とても良い気分です。

家に帰ると、何と大切な人にもらったネックレスを、どこかに落としてしまったことに気がつきました。さっきまで、生まれてきたことに感謝していたはずなのに……。

どんな気持ちになるでしょうか？　一気に悲しい気持ちになりませんか？

焦って探しに行ったり、途方に暮れたりするかもしれません。無防備に散歩に出かけた自分を責めるかもしれません。


こんなふうに、わたしたちはいつも気分が変わりやすく、水が流れるようにエナジーがクルクルと循環しています。

人間の体の多くは水分で作られていますから、良い気分になったり落ち込んだり、いつも忙しくなりがちなのです。

これをリキッドタイプと呼んでいるのですね。

それに対して石はどうでしょうか。

石のエナジーは、人間と比べるととても安定しています。

成長にこそ、長い時間がかかりますが、いったん作られたクリスタルの構造はまったくブレることなく、いつも同じ働きをして、何千年も何万年も、地球に存在しつづけています。

この安定したエナジーを、リキッドクリスタルであるわたしたちが使うとどうなるでしょうか？　想像してみてください。

不安定な人間の揺れに、クリスタルの安定したエナジーが影響を与えると、わたしたちのエナジーは徐々に安定していきます。

リキッドタイプであるわたしたちは、良い影響も悪い影響も、受けやすい性質をしているのです。

ですから、嫌なことがあって落ち込んだときも、安定したエナジーに触れることで、必ずわたしたちは良い方向に向かうことができます。

1日1分の「リキッドクリスタルの瞑想」

ここで読み進めるのをいったんやめ、目を閉じてください。そして、目を開け、ゆっくりと次のことを想像しながら読んでください。

わたしたちは、
キラキラと輝くクリスタルでできた
「リキッドクリスタル」です。
クリスタルが液体となって、あなたの体を血液のように流れ、
すべてを美しく浄化していくイメージをしてみましょう。

ゆっくりと、リキッドクリスタルは全身をめぐります。
そしてあなたは、クリスタルのようにキラキラと輝きます。
心が澄んできます。

悩んでいたことが、浄化されていきます。
肉体の疲れが、癒されていきます。
あなたは美しいクリスタルとして、生まれ変わりました。

あなたがクリスタルの性質をもっていることが、感じられたでしょうか？

わたしはこれを**「リキッドクリスタルの瞑想《めいそう》」**と名づけています。

この瞑想はとても気持ちが良いです。ぜひ、**1日に1分**でも良いので、このクリスタルの瞑想を実践してください。


これを1日1分続けると、次第に自分がリキッドクリスタルであることに、疑いの余地がなくなります。あなたがもっているクリスタルの要素が、あなた自身を癒し、きれいにすることがわかります。

すると、小さな悩みは気にならなくなるでしょう。この瞑想が、あなたの小さなよどみをきれいにするからです。

人間は神様に似た輝きを放っている

石たちはよく、こんなことを言っています。

「**あなたはとっても輝いているよ。**
わたしを見て。
わたしを見て感じることは、あなたを見て感じることと同じだよ」

石たちから見たら、人間はクリスタルのように輝いているそうです。

さらにそれは、**神様に似ている輝き**なんだそう。ここでいう神様とは、すべての源のことを指します。

信じられないことですが、この地球の、天使や精霊も含めたすべての存在の中で、人間が一番神様に似ているのだそうです。

そう、あなたという存在は、すべての源である神様と似ているのです。

石は、いろいろなことを教えてくれます。

わたしは石と触れ合う中で、人がどんなに輝いている存在であるかに気づいていきました。

すべての人がクリスタルと同じように輝いている、ということに気づかされ、まさにわたしたちはリキッドタイプのクリスタルなのだと確信しました。

それを石たちは、何度もあきらめずにわたしたちに伝えようとしています。

そのために、いろいろな色で採掘されたり、虹を作ったり、さまざまな形をしたりしています。

あなたが、クリスタルを「美しいな」と思ったとき、あなたはいつも、自分の美しさに気づいているのです。

石から教えてもらった才能を開くための叡智

このように、石たちはあなたにいつも語りかけています。

その語りかけは、人間のようなエゴではなく、激しい主張でもありません。

だから、感性を研ぎ澄ましていないと、石たちの思いを聞くことはできません。

長い間、一部の人たち（特に日本人）は、天然石をオカルトのように位置づけてきたところがあります。

「石を好きだなんて、怪しい」という集合意識が、未だに根づいているのを感じている人もいるでしょう。

石を好きだと打ち明けられない人も少なくありません。

かくいうわたしも、石が大好きになったとき、夫に打ち明けることはしませんでした。石を隠すことはありませんでしたが、少ないパートのお給料を石にあてて貯金をすっからかんにしたことは、もちろん言えませんでした。

そんなわたしを、石たちは優しく見守ってくれていました。**責めることもなく、ただ持ち主に寄り添う。石たちが、人間にしてくれていることです。**

もし、あなたが石を好きだなと思っていて、それを身近な人に打ち明けることができなくても大丈夫です。

石は、そんなあなたを恨むことはなく、むしろ励ましてくれます。

こっそり好きで、愛《め》でているものがある人生は、人の感性を豊かにします。それは、石でなくとも、どんなものにも当てはまります。

あなたが好きなものに、ぜひ正直になってください。

誰にも言わなくたっていいのです。石でも、占いでも、スピリチュアルでも、アニメでも、プロレスでも、韓国ドラマでも。好きなものは好き、というあなたの気持ちを大切にすることで、感性が研ぎ澄まされます。

そして、**磨かれた感性は創造性に発展し、いつかあなたの才能が、思いがけないところで花開くのです。**

これもまた、石に教えてもらった叡智《えいち》のひとつです。

「石の恩返し」の魔法

あるとき、重大なことに気づきました。

ひとつは、先程も書いたように、石が怪しいものだという誤解が世の中にあること。そしてもうひとつは、**その誤解を解くことは、石たちへの多大な貢献であるということです。**

わたしの友人に「天狗《てんぐ》研究家」という肩書きの男性がいます。

その人は、何となく怖いイメージがある「天狗」というキャラクターのイメージを、一変させるべく活動しています。天狗のイメージアップは活動の真の目的ではないのでしょうが、結果的に彼と出会ったことで、わたしは天狗のイメージを覆されました。天狗はとても心優しく、面白い存在だと気づかされたのです。「日本人は、鼻を高くするくらいがちょうどいい」と、天狗は言っているそうです。また、名古屋メシ好きや、全身ジャージの天狗もいるのだとか。

そういった話を聞いているうちに、わたしは天狗がとても好きになりました。わたしがもっていた天狗は怖いという誤解が、いつの間にか解かれたのです。

彼が教えてくれたのですが、**何かの誤解を解くと、誤解を解かれたものが感謝してくれるそうです。**

その話を聞いたとき、ハッとしました。

「石もそうだ！」と気づいたのです。

「石は怪しい」「石は怖い」「石は無闇に持つものじゃない」など、石に関するネガティブな意識は、特に日本にはまだまだ根強くあります。

石は、どんな意識も責めることはありません。でも、その誤解を解いてくれた人たちに、すごく優しいということに気づいたのです。

Prologueでもご紹介したように、わたしの人生は石の魔法によって大きく変わりました。そしてその魔法を、周囲の人にシェアしました。

石はかわいくて健気《けなげ》で、怖いものではないことや、人の役に立ちたがっていることを、いろいろな方法でお伝えしてきました。

そうするごとに、石の下に置いた願い事はどんどんかなっていったのです。

まさしく「石の恩返し」を受けていたのですね。

大きな魔法は〝誤解を解くこと〟で生まれる

もちろん、石の下に願い事を書いた紙を置くだけでも、魔法は発動します。

でも、より大きな魔法を発動させたいとき、そこには「石の誤解を解く」という、石の世界への貢献が必須となることに気づかされたのです。

石が好きな友達が、口々に言うエピソードがあります。

それは**「石を買ったら、その値段の何倍にもなって返ってきた」**というものです。わたしもまさしくそうなのですが、なぜそうなるのか、その理由が最初はよくわかりませんでした。

「なぜ、こんなに豊かさが返ってくるの？」とよく石に問いかけていましたが、その問いの答えは、前述したように天狗研究家からもたらされたのです。

「恩返しの魔法」に気づいたとき、すべてが繋がりました。

石の値段の何倍にもなって、豊かさが返ってきた人たちは、みんな石の誤解を解くような発信や発言をしていたのです。

好きなものをこっそり愛でることも、とても素晴らしいのです。


それで十分です。でも、**より大きな魔法を使いたいときには、何かの誤解を解く魔法がおすすめです！**


人間にたとえたらわかりやすいですね。

もし自分に何の非もないのに、周囲に誤解されてしまったらどうでしょうか？

誰かの心ない一言で、あなたの人生がどん底に落ちてしまったのです。

でも、自分はもの言えぬ存在だったとしたら……。そんな誤解を解いてくれた救世主に出会ったら、全力で感謝するのではないでしょうか。

世間の意見や、集合意識から抜け出してものの本質を見ることは、あなたが思っている以上の恩恵をもたらす魔法です。

Chapter

2

石の形が生み出す、誰も知らない秘密

自分がどんな形になるのかわかっている

わたしたちが出合う石は、採掘された後さまざまな形に磨かれることがあります。球体になったり、ハート型になったり、あるいはピラミッドの形になったりしていますね。

「石は採掘されたり、磨かれたりすることを嫌がっていませんか?」

ときどき、こんなことを聞かれることがあります。

答えはノーです。

もし、採掘されたくない石が存在するとしたら、その石にわたしたちが出合うことはありません。**わたしたちが出合う石は、人に採掘されることを知っているのです。**

人間に磨かれる石は、**自分がどんな形になるのかもわかっています。**もちろん、掘り起こされたままの形でいることもあります。

さらに石には、**形によって果たすべき使命がそれぞれにあり**、行くべき場所もすでに決まっているのです。


たとえば、ユニコーンの形に彫刻された石があります。

どんな種類の石でも、ユニコーンの形をした石は、ユニコーンそのもののエナジーを有しています。

ユニコーンは、子供たちによく目撃されているエネルギー体です。

わたしは「子供の魔法使いオンラインサロン」を無料で運営しているのですが、そこにも、**ユニコーンを見たことがある子供がたくさんいます。**

時には小学校の柱の影からユニコーンがのぞいていたり、また時には、目を覚ましたら天井に、小さなユニコーンたちが走り回っていたりするそうです。

ちなみに、わたしが最初にユニコーンを見たのは、お風呂に入っているときでした（笑）。

「ユニコーン」の形の石から驚くべきメッセージがきた

「ユニコーンは何と言っていますか?」

ユニコーンが大好きで、ユニコーンのグッズをたくさん持っている女性がいました。なかでもユニコーンの形の石をたくさんコレクションしています。

彼女は、その石たちをどう使ったらいいかがわからなかったのだそうです。

どんどん増えていくユニコーンの石を見て、わたしのところにセッションを受けに行くことを決めたそうです。

彼女のユニコーンとチャネリングしてみると、彼女のそばにいるユニコーンは1体ではありませんでした。少なくとも頭上に5体、家の外に出かけているユニコーンは10体以上いました。

まさにユニコーンだらけ！　ユニコーンの形に彫刻された石は、前述した通り、ユニコーンと繋《つな》がるパワーをもっているので、**たくさん集まったらそれはもう、魔法のようなエナジーになるわけです。**

わたしは彼女に、ユニコーンはエネルギー体として周りにたくさんいて、それぞれが人の役に立ちたがっていますよと伝えました。

さらに、ユニコーンからのあるメッセージを伝えました。

「ユニコーンは、あなたにお金を稼いでほしいと言っています」

なぜかユニコーンは、彼女にお金を稼いでほしいと言っていたのです。すでに仕事をもっている人ですが、もっと稼いでほしいとのことでした。

その日から彼女は、自分の周りにいるユニコーンたちが、人の役に立つためにはどうしたらいいか、考えはじめました。

そして、ユニコーンと試行錯誤した結果、とても素晴らしいワークに辿《たど》り着いたのです。**それは「ユニコーン派遣」でした。**

彼女が持っている石の中に、**首が折れてしまったユニコーンの石**がありました。

そのユニコーンは、性的な被害を受けた女性を癒したり、学校に行けなくなった子供を癒したりすることがとても上手だと、彼女は気づきました。

そういう人たちに、ユニコーンのエネルギー体を派遣するのです。

派遣するときのくわしいやり方は秘密ですが、首の折れたユニコーンが中心となって、派遣をサポートしているそうです。

余談ですが、すっかり〝ユニコーン使い〟になった彼女によると、ユニコーンがよくいる場所はコンビニだそう（笑）。それだけ近くにいるということですね。

割れてしまった石
——首の折れたユニコーンが教えてくれたこと

ときどき、「石を落としてしまいました。石は悲しんでいますか？　どうしてあげたらいいですか？」という質問を受けます。

また、あなたが大切にしていた石を、お子さんが落として割ってしまったときに、ついつい怒りたくなってしまうこともあるかもしれません。

そんなときは思い出してくださいね。石は、その形に割れることを完璧に知っていたのです。**石にとっては、大切なプロセスですから、割れたりかけたりすることを悲しむ必要はありませんよ。**

首が折れてしまったユニコーンは、傷ついた人を癒すのが上手でした。

わたしたち人間も、自分が経験したことは、痛いほど気持ちがわかるということがありますよね。

わたしは4年前に流産を経験しています。同じ立場にならなければ、本当の意味で流産した人の悲しみを理解することはできなかったでしょう。

流産という経験はとても悲しいものでしたが、その経験があるからこそ**同じように流産した人の悲しみに寄り添うことができます。**

そして、その経験があったからこそ、生まれてくる命の奇跡にいままで以上に感謝できる。自分の人生にも感謝することができる。だからこそ、いまの自分がいると感じています。

そういう意味で、**割れたり、壊れてしまったりした石もそれで完璧なのです。**

首の折れたユニコーンは、その姿だからこそ、苦しみをもった人を癒すことができます。**クリスタルの割れたカケラが、誰かの心を埋めることもあるのです。**

石はそれぞれ使命をもち、未来からのメッセージを伝えている

さて、ユニコーン派遣の話に戻りましょう。

派遣を体験した人たちから、「これは愛を広める体験だと感じる」「現実がとても良い方向に動きました」といった声がたくさん寄せられたそうです。

ユニコーンの石を通して、彼女はとってもワクワクする、楽しい使命を体験したのですね。

お話ししてきたように、石は磨かれたり、彫刻になったり、またその姿がある日壊れてしまったりしても、そのすべてを完璧に理解しています。

そのプロセスのすべてに、完璧な使命をもっているのです。

このユニコーン好きの女性は、当初「お金を稼いでほしい」とユニコーンが言った意味が、どうしてもわからなかったそうです。自分にお金が入ってきても、どうしたらいいかわからないと言っていました。

でもある日、彼女の話を聞いてみると「ユニコーンランド」なるものを作りたいという夢があるというのです。そのユニコーンランドに、大きなクリスタルのユニコーンを置きたいと言っていて、わたしはなるほどと理解しました。

ユニコーンたちは、ユニコーンランドを作ってほしいようです。そのユニコーンランドで、**彼女や世界中の子供たちと交流するのが、ユニコーンの願い。**

その大きなクリスタルのユニコーンを作るために、「お金を稼いでほしい」と、彼女のユニコーンは言ったのです。

大きなクリスタルのユニコーンは、おそらく現時点ではまだ存在していませんが、**未来から使命を果たそうと、いま彼女にメッセージを送っているのですね。**

ここまでの話を踏まえて、ここからは石の形について石から教えてもらった秘密をお話ししましょう。

石たちは、磨かれたり彫刻されたりすることで、自分の能力が最大限に引き出されることを知っています。磨かれることにとってもワクワクしています。

ですから、**形の秘密をあなたが知ることは、石にとってすごくうれしいことなのです。**

精霊のエナジーを受け取る「原石」の形

まずは、原石の形がもつ秘密から、迫っていきましょう。

原石は、掘り起こされたままの形です。

土や異物をきれいに洗い落とすために、軽く研磨されることはありますが、基本的に原石からは、地球そのもののエナジーを感じることができます。

原石は、あなたの感情のブロックを溶かします。

あなたの恐れや不安、内気、心配事、人間関係の悩みなど、あらゆる感情のブロックを溶かす形。それが原石の形です。

原石を見ていると、だんだんと心が平和になります。忙しく働いていた頭と体が、ゆっくりと休まっていきます。地球がわたしたちにもたらすエナジーは、そのような平和のエナジーなのですね。

また、原石は精霊のダイレクトなパワーを感じることができる形です。

石には精霊がいると Chapter1 で説明しました。では精霊は、なぜ石に宿るのでしょう。

じつは、石が精霊を呼んでいるのです！　どんな石も、自分の力をより発揮するために、相性の良い精霊を呼んでいます。そして、石に呼ばれた精霊がその石に宿るのです。石の精霊は、入れ替わることも頻繁にあります。

石は持ち主の役に立つように、精霊を入れ替えたり、他の石と精霊を交換したりもします。

原石は、そんな精霊たちのエナジーを、とてもダイレクトに感じさせます。そして、原石に宿る精霊たちの一番の仕事が、感情のブロックを溶かすという仕事なのです。

わたしが初めて買った3つの石のうち、ひとつが原石でした。シトリンという黄色い石の原石だったのですが、その石を買ってから、**なぜだか苦しいことよりも、楽しいことに目が向くようになったのです。**

それまでは、お金や人間関係に不安ばかりがありました。じつはシトリンを買ったのも、お金のブロックを溶かしたかったというのが大きな理由でした（シトリンは金運の石なのです）。

原石に宿った精霊が、わたしの「お金がなくなるかもしれない不安、お金が稼げないかもしれない心配」という感情のブロックを溶かしてくれたのです。

「お金のブロックがある」という言葉を、特にスピリチュアルや、ビジネスコンサルでよく聞きます。それは結局、感情のブロックなのです。
恐れや不安、心配という感情のブロックが、原石に宿る精霊のパワーで溶けたとき、**「お金のブロックは存在しない」ということに気づくことができました。**

心配事で頭がいっぱいになってしまう人や、職場や家庭での人間関係に悩みやすい場合は、原石のエナジーフォト（１７３ページの写真など）を眺めたり、手のひらをかざしてエナジーを受け取ってみたりしてください。
心が平和な状態になるまで、続けてみてくださいね。

✳ **原石の効果**：感情のブロックを溶かす／精霊のエナジーをダイレクトに届ける

✳ **原石のおすすめの石**：アメジスト／アズライト

ヒーリング&痩せて美しくなる「ハート」の形

ハートの形にも、多くの素晴らしい効果があります。

まず、**ハートの形自体には、他人の考えを理解することが容易になる**という効果があります。やはりハートはそのまま、心の形なのですね。

「あの人に気持ちを伝えたい」という思いがあるとき、ハートをメールの文末につけたり、バレンタインのチョコレートをハート型のものにしたりしますね。

その形を相手に贈ることで、あなたにわたしの気持ちが理解されますように、という思いを乗せているのです。

ハートの形の石は、忙しく思考が働いて、心が置き去りになっているわたしたちを癒します。**ヒーリング効果は、いろいろな形の中でも群を抜いています！**

そして、あなたが何を現実化したいのかということに、優しくフォーカスしてくれるのです。

もうひとつ、重要なハート型の石の役割は「痩せて美しくなる」ということ。

わたしたちの甲状腺は、ハート型をしています。

甲状腺は、体全体の新陳代謝を調整する役割があります。じつは、**この甲状腺のようにハートの形は、より良い新陳代謝のバランスを促してくれる波動をもっています。**わたしたちはリキッドクリスタルですから、ハートの形の石は新陳代謝によく作用してくれるのです。

日本では、古来「猪《い》の目《め》」というハート型の紋様があります。

猪の目は、とても美しいハートの形をしていて、見ているだけで癒される人も多いと思いますが、ここにもやはりハートの魔法があります。

ハート型の波動を帯びた人が、猪の目のように整い、美しくなっていくというのが、猪の目が教えてくれるハートの形の意味です。

いにしえの日本人はこのハート型を使って魔除《まよ》けをしたり、悪いものが寄り付

かないようにシールドを張ったりと、魔術を込めていました。猪の目は、幸福が舞い込み、温かい人を引き寄せる波動をもち、それはそのまま現代のハートの意味と同じなのです。

ハートの形は、必ずしも石でなくても効果をもたらしますが、ハートを石と組み合わせる場合に**特におすすめなのは、ロードクロサイトという石です。ロードクロサイトは、あなたのハートをオープンにして、過去の傷を癒します。**

そんなロードクロサイトをハートの形に磨いた石は、まさに美と優しさの波動を帯びます。心の温かい人を引き寄せ、あなたの人生に幸せを運んできます。

✳**ハート型の効果**：他人の考えを理解しやすくなる／新陳代謝をサポート／魔除け
✳**ハート型のおすすめの石**：ロードクロサイト

言葉に魂を乗せる魔法、「星」の形

元気がない日も、星の形を眺めていると、だんだんと希望が湧いてきませんか？　何となくそんな感じがするという人もいるのではないでしょうか？

星の形は落ち込んだあなたを元気づけ、希望を与えてくれます。

また、**星の形に縁があるときのメッセージは「チャンス」です。**

星の形が目につくときには、どんなチャンスの可能性もあります。

たとえばパートナーが現れるチャンスだったり、仕事のチャンスだったり、あらゆるチャンスのサインは星の形として現れます。

もし、誰もあなたに期待していないような状況だったとしても、**星の形を見たときにはあきらめないでください。必ずチャンスは巡ってきます。**

もうひとつ、星の形には魔法のような効果があります。

じつは、**星の形は、あなたの言葉に永遠の魂を込めてくれる**のです。

言葉に力がある人っていますよね。

なぜかいつも、著書を読みたくなる作家さんはいますか?

あなたが感銘を受けるブログやYouTubeの投稿はありますか?

言葉に魂が宿っているとき、その言葉は人の心にささります。

そして時に、人生を変えてくれます。

あなたが一冊の本の中に、魂が宿った言葉を見つけられたら、それだけでその本を買った意味はありますよね。


もし、あなたが自分の言葉に、誰かの人生の役に立つような、永遠の魂を宿したければ、星型の石のエナジーを使うことです。

おすすめは、喉のあたりや手元のあたりに、星型に彫刻された石をイメージすることです。

喉はコミュニケーションと深い関わりがありますから、あなたの言葉に力を貸してくれますし、手元は文章を書いたりタイピングしたりするときに、その文章に魂を宿してくれるのです。

＊星型の効果：希望を与える／チャンスのメッセージ／言葉に魂を込める

＊星型のおすすめの石：翡翠《ひすい》／ラピスラズリ

神様が宿る「タンブル・さざれ」の形

タンブルとは、小さく磨かれた石のことです。

持ち歩きしやすく、わたしも毎日のようにポケットに、お守り代わりに入れています。

さざれは、さらに小さく削った石で、ブレスレットや彫刻を削り出した際に出る、端材が使われることが多いです。

石を浄化するために、さざれの上に石を置いたり、インテリアとして植物とともに置いたり、使われ方はさまざまです。

端材が使われることが多い、このタンブルやさざれですが、あなどってはいけません。

「神は細部に宿る」という言葉がありますが、石も、神様は細部に宿ります。

つまり、小さなタンブルやさざれこそ、神が宿る形なのです。

石は精霊を呼びます。神が宿るタンブルやさざれも、例外なく精霊を呼びます。

それは、すべての源なる「神の力」を十分にあなたに届けるためです。

タンブルやさざれに宿る精霊は、すべての源である神の力を人間に届ける橋渡しをします。

タンブルをポケットに入れて持ち歩くということは、**神様をポケットに入れて**

持ち歩くということです。

さざれで石を浄化するということは、**神様の手で浄化しているということです。**この事実はほとんど知られていませんが、知るととてもパワフルに、神様の恩恵を受け取ることができます。

もし、あなたの石が割れて、小さなカケラになったとき、そのカケラにこそ、神様が宿っています。

わたしたち人間は、かつてそのカケラを分け合って、お守りにしていました。それは、そこにパワーがあることを知っていたからです。

Chapter 3 でお伝えする、最大の魔法「クリスタルグリッド」には、まさにこのタンブルやさざれを多く使います。クリスタルグリッドの魔法は、石の神々によって構成されているのです。

✴**タンブル・さざれの効果**：すべての源なる神の力を持ち歩く／深い許しを体験する

✴**タンブル・さざれのおすすめの石**：ローズクォーツ／スーパーセブン

あなたの使命を生きる「原石ポイント」の形

原石の中でも、ポイントと呼ばれる形があり、原石ポイントは特別な意味をもちます。原石ポイントはクリアクォーツやアメジスト、シトリン、スモーキークォーツなど、水晶と呼ばれる石によく見られる形です。

人間が磨いてポイントにするのではなく、原石の状態でポイントの形をしているものは、**戦いと平和のバランスを取ります。**

戦いのない調和の世界に、わたしたち人類はだんだんと向かっています。

でも、いまはまだ混沌《こんとん》としていて、信じられない悲しいニュースを目にすることも少なくありません。

戦うべきなのか、調和するべきなのかといった局面が、いまの時代にはまだたくさんある。それが地球の現状だと、原石ポイントは教えてくれました。

そしてだんだんと、世界が調和に向かうために、原石ポイントの形がサポートしてくれるのだそうです。

たとえば、レムリアンシードという原石ポイントがあります。

元々は、ブラジルの特定の地方で産出される石で、レムリア大陸の叡智《えいち》を秘めている石です。

いまではロシアやコロンビアなど、レムリアンシードの産地は増えつつありますが、どのレムリアンシードも、**レムリアの平和のエナジーを現代に伝える石として存在しています。**

レムリア大陸については、多くのライトワーカーがリーディングしていますが、わたしがレムリアンシードから教えてもらったことをここに書いておきます。

これから、レムリアの叡智を思い出す人が増えるでしょう。
なぜなら、この世界の戦いがもうすぐ終わりを迎えるからです。
戦いは悲しみを生みますが、それらも、必要な魂の学びでした。
自分や、他の誰かをジャッジする時代が終わります。
そして、終わりの前には少し大変な戦いが起こるでしょう。
そのとき、平和を思い出すために、わたしたちを使いなさい。
レムリアの記憶は、あなた方の望むべき未来を教えてくれます。
レムリアから叡智を受け取りなさい。
そのために、レムリアの石はこの時代に発見されるように、セットされたのです。

このメッセージは、多くのレムリアンシードが共通して話してくれる叡智です。

これからのわたしたちには、**自分や他人をジャッジしないという意識が大切になってきます。**

ジャッジしないとは、どういうことでしょう。

あなたは、こんな自分ではダメだと思うことはありますか？

あの人は正しくて、自分が間違っていると思うことはありますか？

あなたをほめてくれる人は優しくて、あなたをけなす人はひどい人だと決めていませんか？

これらのことは、わたしがよく思ってしまうことですが、こういったことを「ジャッジする」と呼びます。

正反対に思える意見を歓迎してください。

どちらも正解、という世界がやってきます。

ですが、ジャッジのない世界に生きることは簡単ではありません。

だからこそ、石の力を借りることが必要なのでしょう。

戦いと平和のバランスを取るというのは、**わたしたちが内側のジャッジをやめ**

て、**本来の使命を生きる**ということでもあるのです。

原石ポイントは、あなたの使命に目覚めるための形であり、それがゆくゆくは、外側の世界全体の調和に繋がっていきます。

あなたが自分の使命に目覚めたいとき、原石ポイントの力を借りてください。

特にあなたが女性の場合は、原石ポイントは男性性との統合を助けてくれます。

✳**原石ポイントの効果**：戦いと平和のバランスを取る／自分の使命を生きる

✳**原石ポイントのおすすめの石**：レムリアンシード

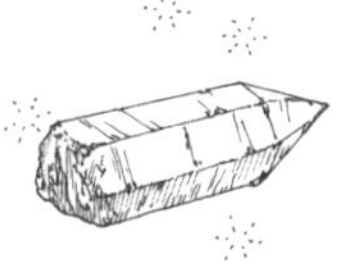

チャレンジを学び、霊的なバリアを張る「磨かれたポイント」の形

原石ポイントと違い、人間が磨いてポイントの形にしている石もあります。

原石と、磨かれたポイントでは役割が違います。

磨かれたポイントは、**あなたが何かにチャレンジすることを学ばせる形**です。

こんな人がいました。その人は慎重な性格で、何かにチャレンジするまでに、とても時間がかかる性格だったそうです。時間をかけて悩んで、やっぱりやめることもしばしば。

ですが、クリアクォーツの磨かれたポイントを持つようになると、**いままでの自分では考えられないほど、身軽で行動的になった**というのです！　欲しいなと思っていたものに出合えて、買うことができたり、会いたかった人に会えたり、

素敵な新しい出会いまであったそう。そして長年の専業主婦から一転、働きたくなってパートの面接にまで行き、好きなことのために働くことを決意。**石を買ってから一週間で、これらすべてのことが起こったそうです。**自分の変容ぶりにあまりにも驚き、わたしにメッセージをくれたのです。

素晴らしいところは、無理して挑戦するわけではないところです。とても自然に、喜びをもって楽しく行動できるようになるのです。

言い換えると、磨かれたポイントは、あなたがあなた自身でありつづけることをサポートするのです。

そしてもうひとつ、重要な磨かれたポイントの役割は、**霊的に身を守るということです。**

たとえば、有名なパワースポットにパワーをもらいに行ったとします。パワースポットって、いつも人であふれかえっていますよね。このようなとき、**その土地のパワーよりも人間の欲の方が、強く渦巻いていることはよくあるのです。**

その結果、おかしな念を拾って帰るなんてこともしばしば。これは、どんなに有名な神社でも起こり得ることです。実際にそれが原因で、学校に行きたくなくなる子供や、会社に行きたくなくなる大人もいます（もちろん、それだけが原因とは限りません）。

望んでいない念を自分に寄せつけたくないとき、**磨かれたポイントは強力なお守りとなります。**お出かけするときには、小さなポイントをお守りとして持ち歩くのもおすすめです。

ちなみに、この本には磨かれたポイントのエナジーもセットされています！本を鞄《かばん》に入れたり、磨かれたポイントのエナジーフォト（２１３ページ）を眺めたりすることも、お守りとなりますよ。

＊**磨かれたポイントの効果**：チャレンジすることを学ぶ／霊的なものから身を守る

＊**磨かれたポイントのおすすめの石**：レッドジャスパー

成功を意図する「スフィア」の形

スフィアとは、球体のことです。

スフィアには大きな役目があります。それはあなたを「成功に導く」という役目です。**特にスフィアが得意なのが「期限付きの目標」です。**

いつか成功したいという状態を、スフィアはあまり好みません。それよりも「○月○日までに成功する」という目標を立てるとスフィアは本領を発揮します。

わたしは、大きなスフィアを持っています。自分では運べない重さで、ボーリングの玉くらいの大きさです。

そのスフィアが来てから、わたしの人生はさらに大きく動き出しました。とても美しいクリアクォーツのスフィアで、虹が至るところに見えました。知り合いがそのスフィアを紹介してくれたのですが、けっこうなお値段だったので、見るだけにしよう、買わないぞ、と内心思いながら見に行ったのです。

しかし、実際にその石に近づいてみると「自分の石だ！」と思いました（笑）。これればかりはしょうがないのですけれど、自分の石だとわかってしまうと、たいていの場合は買うことになります（買える値段ならです）。そのために石屋になったのかなと思うほどです。石にたくさん出合えますからね。

前述した通り、目の前に自分の石が現れる確率は、石の世界の時間軸からするとものすごく稀《まれ》なので、本当に〝しょうがない〟という言葉が妥当です。

「自分の石だ！」と思った瞬間に、石が話しかけてきました。

「わたしはあなたの役に立ちます。本当に役に立ちますよ。数か月もすれば、あなたが望んでいることをもっていきますから、楽しみにしていてください。どうぞわたしをお持ち帰りください」

どうぞお持ち帰りくださいと言われても、持って帰れる重さじゃないんですってば……。そう思いながらも、気づいたらそのスフィアを購入していました（もちろん宅配便で送ってもらいました)。

わたしは、成功が何なのか、あまり考えたことがありません。

ですがスフィアが来てから、あるときは、会社の目標を社員が設定してくれるようになったり、またあるときは、良い家に引っ越したいという願望が出てきたりしました。

そしてそれらの目標は、次々にかなえられていったのです。

目標が決まらなければ、達成したという感覚もないですし、どこが成功なのかもわからないわけですが、**スフィアは成功のイメージがないときほど、強く反応する形です。明確に成功のイメージがないときほど、スフィアはいいのです。**

そんなスフィアですが、ひとつ気をつけていただきたいことがあります。

それは、置き方に気を遣うということです。

まんまるな球体であるスフィアは、自分が不安定に置かれることを嫌います。

自分がどこに座るかということに、スフィアは非常に敏感なのです。

ちゃんとした場所に座らせてあげないと、スフィアは応えてくれません。スフィアを持つときには、座布団や台座にもこだわりをもつことをおすすめします。持ち歩くよりも、鎮座させるのが良いでしょう。

スフィアのエナジーフォトのページ（35ページ）に、いつまでに成功したいかを書いて、そっと挟んでください。

成功のイメージはぼんやりしていても大丈夫。ただしっかりと期限が決まっているときほど、スフィアはあなたを成功に導きやすいので、適切な期限を書いてくださいね。

✴スフィアの効果：成功に導く／期限付きの目標を達成する
✴スフィアのおすすめの石：水晶／クンツァイト

パートナーを見つけ、真実のミッションに辿り着く「ピラミッド」の形

ピラミッドの形は、宇宙から来ました。

エジプトのピラミッドは、現代の技術でも作ることができない、未知の建造物です。その形自体が宇宙からやってきたと聞くと「やはり」という気持ちになりませんか？

宇宙が、地球のために送り込んだのがピラミッドの形です。

そして、ピラミッドの形にはいくつかの役割があります。

・危険を制止する
・パートナーを見つける
・物事の深い意味を見つけ、問題を解決する

・真実のミッションに辿り着く

どれも魅力的すぎますね。

そしてこの4つの役割は、切り離すことができません。

あなたが真実のミッションに辿り着くためには、危険を制止し、（恋愛に限らず）パートナーを見つけ、物事の深い意味を理解し、問題解決することが必要なのだと、ピラミッドの形は教えてくれています。

ちなみにエジプトのピラミッドにも、同じような役割があります。

地球を危険から守り、地球の問題を解決するという役割です。そうすることで、地球の本来のミッションに辿り着けるようにサポートしているのです。

あなたがピラミッドの形の石を持つと、エジプトのピラミッドとエナジーが繋がります。なぜなら、エジプトのピラミッドがあまりにも有名で、わたしたちの共通のイメージだから。

集合意識に刻まれたエジプトのピラミッドは、小さな石で作られたピラミッドにも、同じエナジーを映し込む働きがあるのです。これを知ると、かなり心強いですよね。
宇宙からやってきたピラミッドの形の石で、あなたの真実のミッションを探究しませんか？　ワクワクすることに、きっと出合えますよ。

✳ピラミッド型の効果：危険を阻止する／パートナーを見つける／問題を解決する、など
✳ピラミッド型のおすすめの石：カルサイト／シュンガイト／アポフィライト

内なる自分にアクセスし、親・先祖との関係を適切にする「立方体」の形

立方体は、サイコロやルービックキューブ、積み木などよく見る形ですが、じつはとても人間に影響しやすい形です。

どのように影響するかというと、**内なる自分を揺り動かします。**

あなたは、内なる自分の声を聞くことはありますか？

現代人のほとんどが、内なる自分にアクセスできません。**内なる自分とは、魂の目的を知っている自分です。その自分を揺り動かすことで、眠っていた潜在意識に働きかけ、あなたの本当の望みに出合うことができます。**

わたしは、内なる自分にアクセスするために、「立方体瞑想《めいそう》」をよく行います。

この瞑想は、内なる自分と繋がる瞑想です。

短い時間でも地に足がついてスッキリしますので、ご紹介しますね。

1 まず、目を閉じます

2 呼吸に意識を向け、鼻でしっかりと吐き切ります

3 吐けるところまで息を吐いたら、自然に鼻から吸います

4 何度かこの呼吸を繰り返します

5 目を閉じたまま、立方体をイメージします。色や質感はお好みで。イメージしにくい場合は、サイコロやルービックキューブをイメージしてみてください

6 しばらくイメージしたら、回転をイメージできる人は立方体を回転させます

7 その立方体を、胸のあたりに持ってくるイメージをします。回転させていても、止まった立方体でも良いです

8 胸の前にある立方体をゴールドに輝かせます

9 しばらくゴールドの立方体を味わったら、終了して目を開けます

この瞑想をすると、とても心が落ち着きます。

そして、内なる自分との会話がスムーズになるのです。

立方体瞑想をした後に、時間を取って「ノートワーク」をしてみましょう。やりたいことや、かなえたいことをノートに書くのです。

いつもよりたくさんの言葉が出てくるかもしれません。内なる自分が揺れ動き、あなたにアイデアをくれることもあるでしょう。

この瞑想は根気よく、いつでもやってみてください。

いつの間にか、心と会話するのがスムーズになります。それが、立方体があなたに及ぼす影響です。

さらに、**立方体は親や先祖との関係を適切にする**という素晴らしい効果があります。ですから、先程の立方体瞑想は、親や先祖との繋がりを調和するためにも役立ちます。

原石の状態で立方体をしている石があります。

たとえば、パイライト、フローライトという石。わたしは瞑想の際、これらの石をイメージしたり、実際に手に持ったりしています。

内なる自分の声に敏感になること、親や先祖との関係を適切にすることは、あなたが喜びをもって人生を生きるために大切なプロセスです。

ぜひ、立方体の性質の恩恵を受け取ってくださいね。

✳**立方体の効果**：内なる自分を揺り動かす／親や先祖との関係を適切にする
✳**立方体のおすすめの石**：パイライト／フローライト

あなたの得意を伸ばす「オクタヒドロン」の形

あなたがすでに学んで、日々やっている仕事や趣味をより発展させる便利な形が、オクタヒドロンという形です。

オクタヒドロンはふたつのピラミッドの底面が合わさった形で、正八面体のこと。これを眺めたり、持ったり、イメージしたりすることで、**あなたの得意分野をより発展させることができます。**

わたしは占いの仕事が、面白くて大好きです。

でも、もう15年以上やっているので、自分の中で思い込んでしまっている部分や、どこか偏った考えをしている部分があったのです。

たとえば、「占いでは稼げない」「自分には教える資格はない」「いろいろな流派を混ぜてはいけない」というような、たくさんの思い込みがありました。

それが、石に出合い、オクタヒドロンという形を知ってから、そんな思い込みや偏見がだんだんと溶けていったのです。


オクタヒドロンは、ふたつのピラミッドの底面が重なった形だと説明しました。その形が表しているのは、**陰陽の統合であり、表と裏は表裏一体ということです。**

人は誰でも、善い悪いとか、光と闇とか、誰かと比べて自分の方が劣っているとか優れているとか、そんなふうに考えます。

これを、葛藤といったり、ジャッジといったりします。

そう考えているうちは、人生が困難に見えるし、自分には何もないと思い込んでしまいます。わたしもそうでした。

占いでお金をもらうことにも、抵抗がありました。「お願いだからお金を受け取ってほしい」と言われたこともありましたが、それでも受け取れなかったのです。

自分の頑固さと、自信のなさにあきれ果て、一生好きなことでは稼げないと思っていました。

ですが、オクタヒドロンを眺めたり、思い浮かべたりしていると、そんな頑《かたく》なでちっぽけな思い込みが外れていくのです。

オクタヒドロンのふたつのピラミッドが教えてくれるのは、深い闇の反対側には、大きな光があるということ。

ダメな自分の反対側には、素敵な自分がいるということです。長く付き合っている自分の人生の思い込みを外し、得意なことを素直に伸ばしていきたいときには、オクタヒドロンを使ってください。

創業から何年か経《た》っているビジネスや、ずっとやっている習い事、スポーツの上達にも役に立つ形ですよ。

✳ **オクタヒドロンの効果**：得意を発展させる／陰陽の統合

✳ **オクタヒドロンのおすすめの石**：フローライト

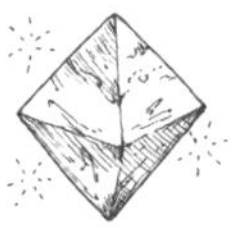

ひとつのサイクルの平和を表す「ドデカヒドロン」の形

ドデカヒドロンは、正十二面体という形です。

あまり馴染《なじ》みのない形かもしれませんが、近いところでいうとサッカーボールに似ています。

いままで紹介してきた、ピラミッド、立方体、オクタヒドロン、そしてここで紹介するドデカヒドロン、次に紹介するイコサヒドロンの五つの形は**「プラトン立体」**と呼ばれます。

わたしはいろいろな石の形の中でも、プラトン立体の形に磨かれた石にとても惹《ひ》かれます。それは、プラトン立体に隠された秘密が、わたしたちにとても重要な意味を与えているからです。

プラトン立体のひとつである、ドデカヒドロン（正十二面体）は、ひとつのサイクルを表す形です。

12という数字は、時間に使われていて馴染みがあります。

他にも、干支《えと》も十二支、星座も12星座、一年も12か月。

このように、ひとつのサイクルを表したいとき、わたしたちは12という数字を使ってきました。

ドデカヒドロンが教えてくれることは、それらのサイクルはただ繰り返されているのではない、ということ。**繰り返されるサイクルは螺旋《らせん》になっていて、わたしたちの世界は、日々螺旋状に上昇して平和に向かっています。**

ドデカヒドロンは、世界を12という数字で表すことは、もっとも平和なやり方だと教えてくれます。

わたしたちは、ひとつ前の12時間よりも幸せに向かって、いまの12時間を過ごしているのです。

ひとつのサイクルが平和にあふれるように、魔法をかけているのがドデカヒドロンです。

何となく、一年が12か月に分かれているわけではないのですね。

わたしたちが平和に過ごし、ヒーリングされるようにという宇宙の采配が、12という数字を使わせているのです。

ですから、わたしたちが意図的にドデカヒドロンを使うことは、より平和に過ごす大切なポイントです。**リスクを負わない平和の魔法が、この形の隠された意味です。**

✴ドデカヒドロンの効果：幸せのサイクルを思い出す／リスクなく成長する
✴ドデカヒドロンのおすすめの石：ガーネット

忙しい人に朗報！
脳を癒す「イコサヒドロン」の形

プラトン立体の最後の形は正二十面体、イコサヒドロンです。

わたしは、プラトン立体の中でもこの形に一番惹かれます。そして、この本を書いているいま、一番お世話になっている形でもあります。

イコサヒドロンは、**いままでの生活を変えずに、何か新しいことを始めたいときにサポートしてくれます。**いまこの本を書いているわたしにぴったりです。いままでの仕事を変えることなく続けながら、新しく「本を書く」ということに挑戦していますから。

このイコサヒドロンに興味をもつことは、とても重要かつ素晴らしい意味をもつと、イコサヒドロンは教えてくれます。

イコサヒドロンについて、あなたがいまこの本を読んでいる時間や、それに払ったお金は無駄にはなりません。もし、イコサヒドロンの石を買ってみたとしても、払ったお金以上のものを、イコサヒドロンはあなたにもたらします!

どういうことかといいますと、**イコサヒドロンはあなたの脳を癒す、いわばトリートメントするのです。**この情報化社会で、わたしたちは脳を絶えず使い、頭をパンパンにしています。

瞑想の重要さは、この本を読んでいるような方は、重々承知しているかもしれません。だからといって1日に瞑想できる時間は限られている、という生活をしている人が多いのではないでしょうか?

そんなあなたに朗報です。

イコサヒドロンをイメージしたり、その形の石を持ったりすることで、瞑想と同じように脳をスッキリさせ、頭を休ませることができるのです。

実際にわたしも、イコサヒドロンで脳をトリートメントして、忙しい毎日の中でも執筆したり、新しいアイデアに挑戦したりしています。

とってもおすすめの脳トリートメントグッズです（笑）。

✳イコサヒドロンの効果：新しいことを始める／脳を癒す

✳イコサヒドロンのおすすめの石：クリアクォーツ

高い次元で人生を楽しむ「星型十二面体」の形

星型十二面体は、石の世界では、アステロイドと呼ばれることが多い形です。

アステロイドは、あなたにこの形を楽しんでほしいと言います。

次元上昇の乗り物と呼ばれるアステロイドは、その形を眺めているだけでも、あなたの人生の次元を上げてくれます。

次元が上がるということは、より高い視座で物事を見つめるということです。視座が高くなると、あなたのルーツが見えてきます。そのルーツは、先祖という意味ではなく、魂のルーツ。

つまり、**あなたがなぜ地球に来て、この人生を体験しているのか、その答えが見えてくる**ということです。

じつはわたしが最初に、石の形について目覚めたのは、このアステロイドに出合ったときでした。

そのアステロイドは、ヒマラヤ山脈のガウリシャンカールという山のスモーキークォーツで作られていました。手のひらに余るほど大きなアステロイドを手にした途端、アステロイドが話しかけてくれたのです。

「あなたはわたしの使い方を知っているでしょう？　わたしはあなたのために働くから、たくさん使ってね」

「わたしが使い方を知っている？　どういうこと？」と心の中で思った瞬間に、答えはやってきました。

アステロイドは人生の次元を上げる石であること。

アステロイドの形を使うと、視座が高くなって魂のルーツを知ることができること。そして、何よりも**この幾何学的な美しさを心から楽しむことが、この形の効果を最大限に受け取るポイント**であること。

わたしはアステロイドを通して、石は種類だけでなく、形にこだわって持つと良いことを学びました。

そして、必ずしもその石を持つ必要はなくて、**その形をイメージするだけでも良い**ことを知ったのです。

上から俯瞰《ふかん》して見ると、自分の意識を高くもつことに繋がり、いつも自分にとって最善の選択をするようになります。

「本当は部屋がきれいな方がいいけど、ものが多いから仕方がない」と、わたしは常々自分の意識を下げてきました。しかし、アステロイドをきっかけに、引っ越ししたくなる出来事が起き、引っ越すことができました。多かったものもスッキリして、最善の選択がなされました。そして、元々の家を仕事場にしています。

このように次元上昇は特別な人がするものではなくて、あなたが前よりも高い意識で、楽しく人生を生きられるようになることです。

✴ **星型十二面体の効果**：視座が高くなる／魂のルーツを知る

✴ **星型十二面体のおすすめの石**：ヒマラヤ水晶

孤独と無縁になる乗り物「マカバ」の形

マカバという形をご存じでしょうか？

星型八面体とも呼ばれ、ピラミッドがふたつ重なった形なのですが、オクタヒドロンとは違い、上向きのピラミッドと下向きのピラミッドが抱き合わさり重なった、六芒星《ろくぼうせい》のような形をしています。

マカバはあなただけでなく、周囲の人を一緒に引き上げます。宇宙のような意識をもっていて、あらゆるものを受け入れて上昇させるのです。

そして、情報にあふれ、まるでミュージアムのようになっているこの世界から、**あなたに必要な情報をもってくる**ということもしてくれます。あなたに必要な人に出会わせたり、必要な学びを教えてくれたりします。

マカバを見たり、持ったりすることは、マカバという乗り物に乗ることと同じです。そしてマカバに乗っている限り、寂しくはないとマカバは言います。

たしかに、マカバの石に出合ってからのわたしは、たくさんの人との出会いに恵まれて、寂しいと感じる暇なくここまで来ました。

昔は、自分と同じ考えの人に出会うことができずに、自分はおかしいんだと孤独を感じていました。ですが、いまでは同じ価値観をもつ人にたくさん出会い、尊敬できる人に囲まれるようになりました。

さらには、昔からの友達と同じ職場で仕事をし、自分だけでなく旧友たちの人生もどんどん良くなっているのです。

マカバは人に勧める必要がなく、あなたさえマカバの恩恵を受ければ、あなたの周囲の人も自動的に引き上がるのです。

この項の行間に、マカバのエナジーを込めていますから、あなたは読みながら、マカバの恩恵を受け取ることができます。

さらにマカバは、心身ともに健康で豊かさにあふれた人生を約束する形です。

肉体的な健康と、お金や人間関係、内なる自分との豊かな関係性、あらゆる豊かさへと導いてくれるのが、マカバです。

✳マカバの効果：自分と周囲を一緒に引き上げる
✳マカバのおすすめの石：トロレアイト／タイガーアイ

あなたの名誉にかけて、前進せよ！「DT（ダブルターミネーテッド）」の形

ダブルターミネーテッドとは、石の両端が尖《とが》っている形のこと。両剣水晶などと呼ばれます。しばしば〝DT〟と省略されますので、ここでは

ＤＴと表記します。

この形のすごいところは、この形を木で作っても、石のような効果を発揮するというところです！　**この形自体に、石のエナジーを宿している特別な形です。**

人が磨いてＤＴの形にすることもありますが、ときどき天然のＤＴも採掘されます。普通はどちらかが根っこになるはずなので、一定の条件下でないとＤＴに育つことはなく、大変めずらしいのです。

天然のＤＴは、石の中でも強力な形であることから、木でＤＴを作っても、石のエナジーを発してしまうのでしょう。

ＤＴの形は、木の棒の両端を尖らせれば良いわけですから、たとえば**鉛筆の両端を削ったら、もうそれは石のエナジーになるということです。**

実際にやってみてください。**ドキドキするほどエナジーが上がります！**

お子さんがいる方は、学校のＮＧがなければ、テストのときに両端を削った鉛筆で挑んだら、実力を発揮できるでしょう。

お正月の祝箸も両端が尖っていますね。お祝いのエナジーを隅々まで行き渡らせる効果があります。

ＤＴの石を買わなくても石のエナジーを手にできるのです。

ＤＴの石をあなたが手にすることがあれば、ひとつのサインです。

「あなたの名誉にかけて、前進しなさい」

これが、ＤＴがあなたに語りかけていることです。

ＤＴが目についたり、自分のところにやってきたりしたときは、周りの評価を気にしてはいけません。

「あなたが進む方向は、あなたの名誉にかけて正しい」ということです。

ハーキマーダイヤモンドという石があります。ニューヨーク州のハーキマーで産出される水晶で、天然のＤＴの形をしています。

天然石のアクセサリーになることが多く、わたしもこの石で、ピアスやネックレスを作ることがあります。

とても美しい石で、ダイヤモンドほど高価ではないので、アクセサリーとして使いやすい石です。
ハーキマーダイヤモンドのアクセサリーを持ったり、今日はこのピアスを着けたいな、なんて思ったりした日は、ＤＴがあなたに「前進せよ！　周りを気にせずに」と語りかけているのです。

✳ **ＤＴの効果**：人生を前進させる／木を削っても石と同等のエナジーとなる
✳ **ＤＴのおすすめの石**：ハーキマーダイヤモンド

真実を教え、大開運に導く！「スカル」の形

さまざまな石の形の秘密を書いてきましたが、最後はわたしがもっとも重要視している、スカルの秘密に迫りましょう。

スカルとは、ガイコツの形のことです。


クリスタルスカルは大開運の石。

昔から、多くの儀式でスカルの石は使われてきました。アカシックリーディングで見てみると、病気の治癒や、場所の浄化、魔除けにも古代から使われています。

スカルは、地球のさまざまな問題解決にも携わっています。


ですが、その秘密を知る人は多くありません。

世の中から誤解されている最たるもののひとつが、スカルなのかもしれません。

「スカルは怖いイメージがあって受け入れられない」という人もいます。

たしかにスカルは、さまざまな物語の中で、死神や死者の役割をしてきました。

わたしが使っているライダータロットでも、死神のカードにはスカルがデザインされています。死神のカードはけっして不吉のカードではありませんが、スカル自体は不吉の象徴になっているのかもしれません。

これから、スカルの誤解を解いていきましょう。

スカルは、不吉の象徴でも、恐ろしいものでもありません。

スカルは、あなた自身なのです。

よく考えてみると、わたしたちは必ず、スカルを体内にもっていますよね？

それを怖いと感じるのはなぜでしょうか。

スカルは、あなたがいつか必ず死ぬことを教えてくれます。

わたしたち全員に、平等に死はやってきます。しかし、わたしたちは普段死を見つめることができません。大切な人が亡くなっても、いつの間にかわたしたちは、自分が死ぬということを忘れます。

スカルを怖いと感じる人の心には、「死を見つめるのが怖い」という心理があります。
そんなわたしたちに**死を見つめる機会を与えることが、スカルの目的のひとつです。**スカルはその大きな目で、人生を俯瞰して見ることを助けてくれます。死んで、骨になった姿を見せることで、人生を本気で生きる意識を植え付けてくれるのです。

死を意識することで、わたしたちは人生を俯瞰して見ることを覚えます。

ぼーっと生きている場合じゃない！

死を前にして、あなたは何をする？　いまやっていることを、明日もする？

そうやってスカルは、あなたに語りかけています。

あなた自身が、あなたの召使いであれ

スカルを怖いと思う、もうひとつの心理の中に「自分に忠実であることが怖い」という心理があります。

石が好きでも、スカルの石に手を出さない人は多くいます。

「自分には扱いきれない」と言う人もいます。

それは、自分を扱いきれないということです。

スカルは「あなた自身が、あなたの召使いであれ」と伝えています。

つまり、**あなたがあなたの本質に、誰よりも忠実であることが大事**だとスカルは教えているのです。

あなたは誰の召使いですか？

社会ですか？　親ですか？　夫や妻ですか？

あなたは、誰よりもあなた自身の召使いであるべきです。

それがかなったとき、自分の本質を世界に現し、あなたがもっている能力を思いのままに発揮できます。

わたしは昔から、自分の欲しいものがわからない子供でした。

欲しいものを買ってもらえなくて泣くのではなく、欲しいものがわからなくて泣いていました。だから、自分の欲しいものがたくさんある子が、とてもうらやましかったんです。好きなものに出合うことが、わたしの長年の夢でした。

そして、わたしが37年待って出合った大好きなものが石だったのです。やっと自分の思いを表現できるものに出合うことができました。

ですから、大好きな石の魅力を人に伝えることが、わたしがわたしに忠実であるということだと思っています。

自分に忠実であれば、思いは必ず人に伝わります。

あなたがあなたの思いに忠実に行動することは、他人の人生にも素晴らしい影響を及ぼします。自分だけでなく、他人に幸せを与えることができたときに、あなたが与えたものは必ず返って来ます。

「わたしは誰の召使いか？」と、自分に問いかけてみてください。

この項や185ページのエナジーフォトには、スカルの知られざる強力な開運効果を閉じ込めています。

もし、あなたがスカルの石とエナジー交流したいときには、自分がかわいいなと思うスカルを選んでみてください。

たとえば、ピンクが好きならピンク色のローズクォーツのスカルの写真を見る、美形なスカルが好みなら目が大きくて顎が小さめの子を選んでみるなど……、自分がかわいいなと思えるスカルが、あなたを開運させるスカルです。

スカルは、持つ人を選びます。

あなたが愛すべきスカルに出合ったときには、あなたはスカルの石から選ばれたということになります。大開運の兆しです。おめでとうございます！

✳**スカルの効果**：大開運をもたらす

✳**スカルのおすすめの石**：スモーキークォーツ／シトリン

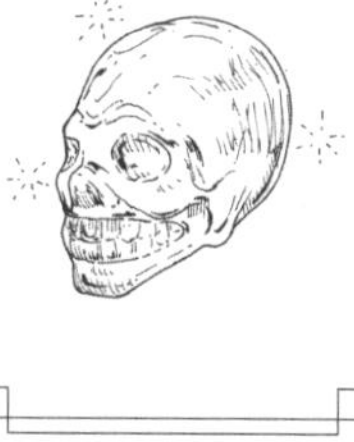

Chapter

3

聖なる力を呼び覚ます石の魔法陣

——クリスタルグリッド

魔法の発動条件とは？

クリスタルグリッドとは、石で作った魔法陣のこと。

幾何学模様や図形――たとえば三角形、六角形などの模様に石を並べて「グリッド（魔法陣）」を作り、願いをかけたり、浄化したりするための魔法ツールです。

見ているだけで美しく癒され、石を並べているときから、不思議な安心感を覚えます。

Chapter 1でお話ししたように、わたしは美しい石たちと、幾何学模様のプレートに惹《ひ》かれて、全財産をはたいてそれを買いました。

そして、せっかく買ったんだからと、何となく石を並べて、石の下に願い事を書いた紙を入れました。**それが魔法だとも知らずに……。**

その後、あまりにも次々と石の下の願い事がかなったことをきっかけに、「クリスタルグリッドとは何か」ということを研究しはじめました。

「何がどうなると、こんなにも願い事がかなうんだろう?」「これは、わたしだからかなうのか?」「誰でもかなうのか?」……多くの疑問がわたしの中に生まれました。

「問いをもつことが、人生を変える」という言葉を知ったのは、出版の勉強をしているときでした。わたしに出版のいろはを教えてくれた、高橋朋宏さんの言葉です。

まさに、クリスタルグリッドはわたしに「問い」の嵐をプレゼントしてくれました。そして**その問いをきっかけに、魔法使いとしてのわたしの資質が開花して、本当に人生が変わっていったのです!**

わたしは魔法が存在することを、肌で感じはじめました。

クリスタルグリッドには、魔法を発動するためのさまざまな仕掛けがあります。

石を並べていくことや、石が集まるということ自体が、〝魔法の発動条件〟に

なっています。

石の精霊たちを集合させると、あなたの運が動く

石は、集まるほどにそのエナジーを大きくします。

たとえば、さざれの一粒一粒に、源なる神と精霊が存在することは、**Chapter 2**でお伝えしました。実際には、さざれを一粒だけで使うことは稀《まれ》です。

クリスタルグリッドに一番使う石は、タンブルやさざれです。大きな石だけでパワフルなグリッドを作ることもありますが、普段はタンブルとさざれだけで、素敵なグリッドを作ることができます。

通常、さざれは何十個、何百個という単位で使って、その上で石を浄化したり、空間を浄化するために玄関に置いたりします。ちなみに、この本の巻頭のエナジーフォト「浄化のクリスタルグリッド」にも、たくさんのさざれを使っています。

このように、さざれを使うときには、源なる神とともに、**何十、何百の精霊を集合させているということになります！**

クリスタルグリッドを作っているとき、ワクワクしたり、癒されたりしますが、精霊たちを幾何学模様に配置しているわけですから、当然ともいえますね。

ここで、少しイメージしてください。イメージしづらいかもしれませんが、ここは少し想像力を働かせてほしいのです。

石に宿った精霊たちを集合させて、自由に並べているあなた自身を……。

想像しましたか？　石の精霊たちを整列させたり、集合させたりしましたか？

じつは精霊を並べている自分を想像するだけで、かなり運が動くのです。

実際に石を買って並べることは、さほど重要ではありません。

あなたが、精霊を集め、その一粒一粒を並べたり、愛《め》でたり、かわいがったりするイメージ自体が、あなたの運を動かします。
だから、何度でもイメージしてみましょう。
自由に石を並べたり、集めたりしているあなた自身を。

イメージが容易にできるようになったら、この章に出てくる「クリスタルグリッドのエナジーフォト」をじっと見つめてみてください。
ここまできたら、あなたはもうエナジーフォトに写るたくさんの精霊たちを感じられるはずです。

クリスタルグリッドの最大の秘密！
あなたを「精霊使い」にする

たくさんの精霊を使って、この世界のためにどんなことをしますか？

こんな問いを投げかけられたら、あなたならどう答えますか？

実際に、小さな石を並べることは、それがたとえ、川岸に転がっている小石だったとしても、精霊を並べることそのものなのです。

あなたを「精霊使い」に仕立てる仕掛けこそが、クリスタルグリッドの最大の秘密であり、魔法です。

人は、自分のことを〝ちっぽけ〟だと思おうとします。その方が楽ですし、大それたことを何もしなくてもいいから。

もし、人が精霊をたくさん従えるような存在だと知ったら、何か大きなことをしなければならないと感じ、多くの人が秘密にしたいと考えるのです。

自分の願い事だけでなく、世界やコミュニティに対して最善を願うことは、魔法の基本です。

しかし、気を楽にしてほしいのですが、あなたはたくさんの精霊を使って、何も大それたことはしなくていいのです。

まずは、**自分の欲に従って願い事をしてください。**なぜなら、自分の願いもかなっていないのに、世界平和を祈っても、そこには何も真実味がないからです。

自分の願いを安易にかなえられるようになるまでは、あなたの能力はまだ大半が眠っています。いきなり目覚める必要はありません。これを書いているわたしも、自分のことをいまでもたくさんクリスタルグリッドに願います。

いつかあなたが本当の意味で、世界平和を願う自分の器に気づいたら、そのときが精霊使いとして目覚めはじめたということでしょう。

あなたの力を放出するための鍵「幾何学模様の叡智」

さて、いまからクリスタルグリッドの魔法を、あなたにかけていきます。

それと同時に、幾何学模様について知っていきましょう。

幾何学模様の叡智《えいち》を知ることは、あなたの力を放出するための鍵を見つけることになります。

幾何学模様にはたくさんの秘密が隠されていますが、**あなたはその秘密を、本当は知っています。でも、地球に生まれてきたときに全部忘れてしまいました。**

あなたは地球で、いったん忘れた叡智を取り戻すというワクワクするゲームを、いままさに楽しんでいるのです。

幾何学模様は、三角形や四角形、円などの図形を組み合わせたり、回転させたり、連続させたりしてできる模様のことをいいます。

石の形と同様に、幾何学模様にも意味があり、その意味を知ることでよりパワフルに、クリスタルグリッドの魔法を取り入れることができます。

なかでも、**「神聖幾何学」と呼ばれる特殊な模様は、神様と繫《つな》がるための重要な役割を果たしています。**

神聖幾何学の線と線が交差するポイントに、石を置いているのがクリスタルグリッドです。

クリスタルグリッドは、見るだけであなたの中の「精霊使いの能力」を目覚めさせます。その能力が、願いをかなえたり、自然と人生が良い方向にいったりすることを助けてくれるのです！　それでは、一緒に見ていきましょう。

「神聖幾何学」をただ持つだけでは開運しない理由

神聖幾何学は、ただの開運ツールだと思われていることが多く、誤解されやすいツールです。

じつは、開運の前に大切なステップがあります。

それは、自分の目指す方向性をはっきりさせることです。

方向性をはっきりさせず、ただ神聖幾何学を持ったり、飾ったりしても、何の効果も得られません！

クリスタルグリッドに神聖幾何学を使う場合も、そのグリッドの方向性をはっきりとさせて使うことがとても重要です。

そして、神聖幾何学は我欲を満たすためには使用できません。

たとえばお金が欲しいと願うときにも、それが自分のためだけだと、神聖幾何学は働いてくれないのです。どうすればいいかというと、**「お金を稼ぎたいのはなぜか」という方向性を決めるわけです。**

わたしが、何の知識もないときに「30万円稼ぎます」と書いた願いがかなったのは、石の精霊たちからのお試しでした。

そのとき、わたしには特に方向性がなかったのですが、精霊がわたしに期待してくれたのです。この子は、この30万円で何をするかな……と。

結果的にわたしは、稼いだお金のすべてを注ぎ込んで石を仕入れました（笑）。

石が欲しかったので自然とそうしたのですが、**それが次の50万円を呼んできてくれました。きっと、最初の30万円を貯金していたら、次の50万円はかなわなかったと思います。**

石の世界に貢献したい、という大それた方向性があったわけではありませんが、わたしは結果的に、石を周りの人に広めるという貢献をしたのでしょう。

だから、あなたが神聖幾何学の魔法陣の恩恵を受けたいとき、我欲を満たすためではなく、世界に貢献するということを、願望の方向性に少しだけ入れてください。**ほんの少しでいいいし、わたしのように後からそれを考えてもかまいません。**

なぜなら、わたしがあなたにかける魔法は、神聖幾何学だけの魔法ではないから。石と神聖幾何学を使った、石の魔法陣＝クリスタルグリッドによる魔法だからです。

石の精霊たちは優しいので、あなたにお試し期間をくれます。

その期間中に、あなたの身近な世界に貢献できれば大丈夫です。

悲しみを癒す「フラワーオブライフ」のクリスタルグリッド

さて、ここからは方向性別に、クリスタルグリッドの魔法をかけていきます。

魔法をかけるためにあなたがすることは、願いを紙に書いて好きなクリスタルグリッドのエナジーフォトのページに挟むだけ。それだけで魔法が発動します！

まずは、フラワーオブライフという神聖幾何学を使ったクリスタルグリッドです。このグリッドは、人類の悲しみを癒します。

人生の中で、悲しみの瞬間は幾度となくやってきます。

誰かの死や、衝撃的なニュース。日々の生活の中で、誰かの言葉に傷つくこともありますし、よくわからない悲しみにさいなまれることもあるでしょう。

じつは、天気が悪かったり、電磁波を浴びすぎたりするだけでも、人は悲しくなるんです。そして、**あなたに悲しみがあると、人生のチャンスを活《い》かせなかったり、他人からの愛を受け取れなかったりします。**

ですから、どんなに前向きな人でも、時に悲しみを癒すことが必要なのです。

そんなときに便利なのが、フラワーオブライフを使ったクリスタルグリッドなのです。

次ページのクリスタルグリッドを見たり、このページに願い事を書いた紙を挟んだりすると、悲しみが癒されて、考えがポジティブになります。

なぜなら、**フラワーオブライフのクリスタルグリッドは、あなたのカルマを浄化する**からです。カルマとは、魂が今世にもってきた宿命です。

誰にでもカルマはあるといわれていて、そこに善し悪しはありませんが、時に自分のカルマに翻弄されて、悲しみの中で生きていることがあります。

カルマを浄化することで、最善の人生に導いてくれるのが、このクリスタルグリッドの特徴です。

あなたが、人生をより楽しみたいとき、他人からの愛を受け取りたいとき、このフラワーオブライフのクリスタルグリッドに、願いを託してください。

フラワーオブライフのクリスタルグリッドにおすすめの願い事の例

・わたしの悲しみが浄化され、最善の道が開かれます。
・わたしの精神と肉体を癒し、愛を受け取ります。
・わたしは自由な発想で、自分の世界を創造します。

新しいあなたに生まれ変わる「シードオブライフ」のクリスタルグリッド

シードオブライフは、7つの円でできているシンプルな幾何学模様です。
7という数字にはたくさんの秘密がありますが、ここで取り上げたい秘密は

「あなたが聖なる創造物である」ということです。

シードオブライフを使ったクリスタルグリッド（157ページ）は、あなたの神聖さにアプローチします。生まれ変わりのグリッドであり、あなたが本当は知っているはずの叡智を呼び覚まします。

わたしたちはことあるごとに、自分をちっぽけな存在だと思おうとします。自分がどんなに神聖な存在かを忘れ、本来の才能に目覚めずに生活しつづけています。

シードオブライフは、そんな人間の思い込みに風穴を開け、自分の力を思い出させてくれます。

わたしが初めて使ったクリスタルグリッドは、シードオブライフです。

当時、この幾何学の意味は知りませんでしたが、まさにわたしの生まれ変わりを助けてくれたと感じています。

自分の好きなことでは稼げない、という思い込みを変えてくれて、ネガティブだったお金への価値観をポジティブにしてくれました。石を売ってみたいという思いに気づかせてくれました。

いまの自分から、新しい自分に生まれ変わりたいと感じている人は、まずはシードオブライフのクリスタルグリッドに願いを託すことをおすすめします！

その思いがあれば、具体的にどうなりたいかがわからなくても大丈夫です。

生まれ変わったあなたが、自然と周囲の役に立っていることを想像すると、願いはよりかないやすくなります。

シードオブライフのクリスタルグリッドにおすすめの願い事の例

- わたしは新しい自分に生まれ変わり、〇円稼ぎます。
- わたしは神聖な存在です。多くの人の希望となります。
- わたしは古い価値観を手放し、自分の才能に気づきます。

葛藤を手放す
「メタトロンキューブ」のクリスタルグリッド

ものすごく忙しくしていても、いつもパワフルで元気な人っていますよね。

こちらも元気をもらえますし、人気者にはそういう人が多い印象があります。

そんな人はまさしく、メタトロンキューブのようなエナジーの人です。


メタトロンキューブのクリスタルグリッドは、精神的な疲れを癒します。

精神的に疲れているとき、わたしたちは人が何を感じているかに鈍くなります。

困っている人や傷ついている人に鈍感になったり、ささいなことでイライラしたりします。人間関係に問題が起きるとき、わたしたちは大体疲れているのです。

わたしは占い師をしているので、人の悩みを聞くことが多いのですが、**人の悩みのほとんどは、元を辿《たど》れば人間関係です。**

つまり、精神的な疲れを癒すことは、人のほとんどの悩みを解決することに繋がるのです。

メタトロンキューブのクリスタルグリッドは、リンパの流れに影響を与え、疲れを癒し、見る人に希望を与えます。

その結果、自然と人間関係が良好になっていくのです。

そして、現状維持ではなく、より良くなっていくことに意識を向けさせます。

人間は生存本能的に、現状維持を望む傾向があります。いまのままだったら、明日も生きていける確率が高いと感じて、変化を恐れる本能があるのです。

しかし、わたしたちの心はより良い状態を望んでいて、素晴らしい方向に変化したがっています。ですから、**わたしたちはいつも人間的な本能と成長を望む心との間で葛藤しています。**

Prologueでもお話ししましたが、願いをかなえるためには葛藤を手放す必要があります。このメタトロンキューブのクリスタルグリッド（161ページ）は、その葛藤を自然と手放させてくれる、とても便利なグリッドなのです。

この本自体に、メタトロンキューブのエナジーを入れていますので、あなたはだんだんと、葛藤を手放していくことになります。また、この本を持つこと自体が、精神的な健康のお守りになりますよ。

メタトロンキューブのクリスタルグリッドにおすすめの願い事の例

・わたしは精神的にとても健康で、希望にあふれています。
・わたしは葛藤を手放し、願望（具体的な願い事を書いても可）を実現します。
・わたしは素晴らしい出会いと、良き仲間に恵まれていて幸せです。

最高の修正ツール「シュリヤントラ」のクリスタルグリッド

シュリヤントラは、インドの神聖幾何学です。

富の幾何学模様という意味をもち、とても強力な図形とされています。

シュリヤントラのクリスタルグリッドは、最高の修正ツール。

いつでも自分の人生を、最善の道へと軌道修正をしてくれるのが、シュリヤントラの魔法陣なのです。

誰にでも、人生における使命や責任があります。

でも、それらに気づかずに生きている人も多く、気づきたくてもわからなくて、一生懸命探しているという人もいますよね。

かつてのわたしもそうでした。いまでこそ、「石の世界に貢献する」という使命に気づいたわたしですが、ほんの数年前まで、特に石を好きではなかったのですから。

使命に気づく道のりには、人それぞれの物語があります。

わたしも、いまやっていることは使命のすべてではなく、**これから向かう、さらなる使命への道の途中にいると思っています。そして、その道を常に微調整しつづけて本来の道筋に案内してくれるのが、シュリヤントラのクリスタルグリッドです。**

シュリヤントラの力を借りると、無理なく自分を修正し、その結果自分の人生を好きになっていきます。

いま、やりたいことがない人や、やりたいことに自信をもてない人は、このグリッドの力をぜひ利用してください。

やりたいことには出合っているけれど、お金が稼げないとか、忙しくて体が疲れすぎている人も、シュリヤントラの軌道修正が役に立ちます。

社会的にも、このシュリヤントラのクリスタルグリッドの力が必要な時代です。

なぜなら、**誰もが使命に向かい、自分や世の中のことが大好きになる世界に、これから向かうべきだからです。**

漠然とした大きな不安、言語化できない不安を解消したいとき、過去の出来事に苦しんでいるとき、さらに災害や戦争などで疲れ果て、傷ついた心には、このクリスタルグリッドが大変有効です。

次ページのシュリヤントラのクリスタルグリッドを眺めたり、手を当ててみたりしてくださいね。

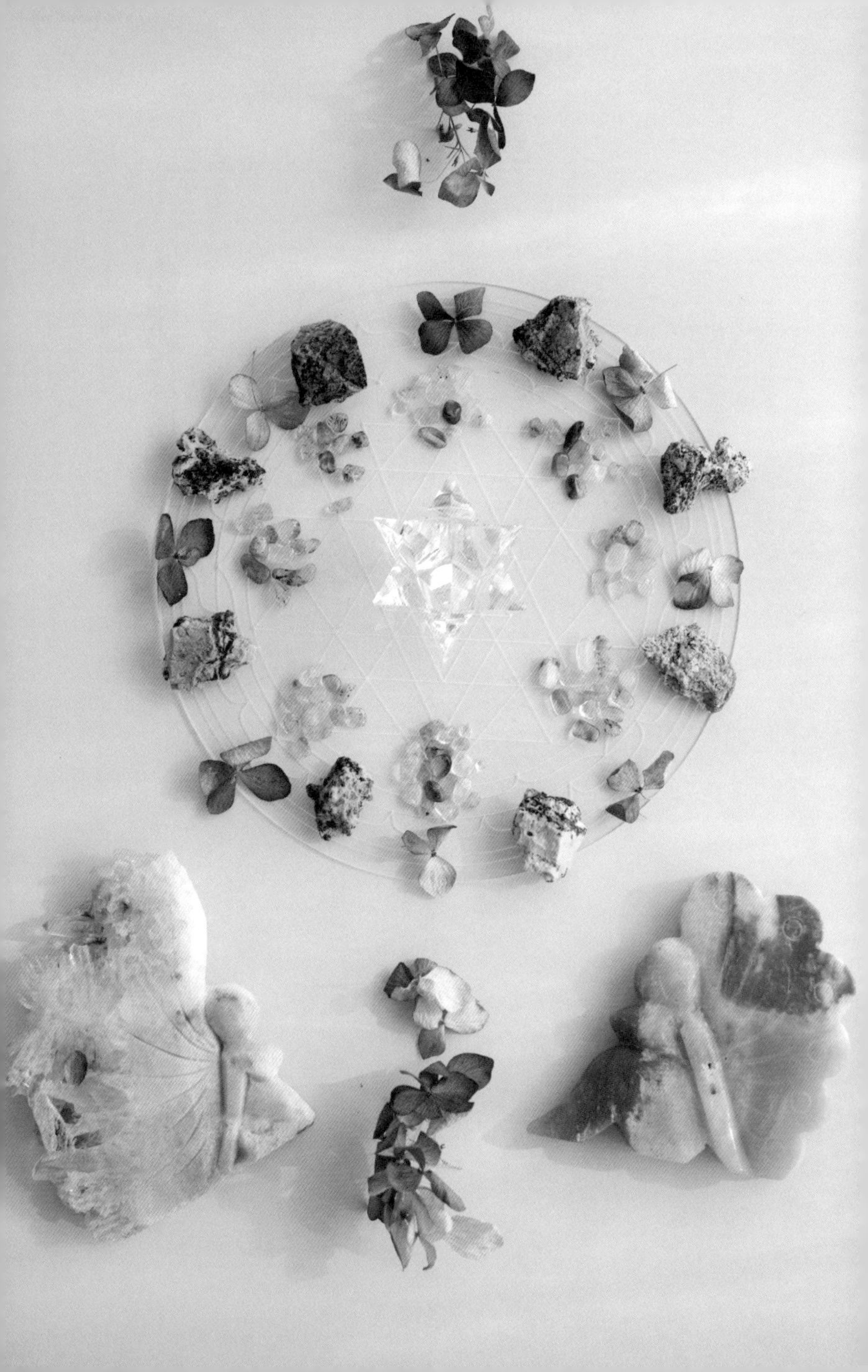

シュリヤントラのクリスタルグリッドにおすすめの願い事の例

・わたしは自分の使命に向かって、最善の道を進んでいます。

・わたしはわたしを愛しています。その愛を使って世界に貢献しています。

・わたしは大好きなことに出合い、物質的にも精神的にも豊かに暮らしています。

・わたしは傷ついた心を癒し、安心の中で生きています。

精霊の魂を言葉に込める「五芒星」のクリスタルグリッド

五芒星《ごぼうせい》は、星の形です。

星の形についてはChapter 2でもお伝えしたように、希望を与え、言葉に魂を込める形です。この形がグリッドになると、星の性質がより研ぎ澄まされます。**五芒星のクリスタルグリッドは、あなたの言葉に石の精霊の魂を込めてくれます。**

石の精霊たちは、とても優しいエナジーをもっていて、それが言葉になるとき、人の心に響く温かさを発します。わたしが石を好きになった理由のひとつは、石の精霊が話す言葉にいつも癒されたからです。

その優しい言葉を周りの人に伝えることができたら、きっと多くの人の癒しになるはずと、これまで多くの方に石からのメッセージをお伝えしてきました。

そして実際に、たくさんの人が、石からのメッセージに勇気づけられたと話してくれました。

どんな人でも、次ページの五芒星のクリスタルグリッドの力を使えば、石の精霊たちの魂を言葉に込めることができます。

精霊たちの、優しく温かなエナジーをあなたの言葉に込めてください。

会話の一つひとつ、メールのささいな一文が、キラキラと輝き出すことでしょう。

五芒星のクリスタルグリッドにおすすめの願い事の例

・わたしは多くの人の心に響く文章を書くことができます。
・わたしの言葉は、大いなる神聖幾何学と、精霊たちのエナジーに守られています。
・わたしは魂を込めて話します。そして関わる人々を癒します。

石ころを並べるだけでもグリッドになる

ここまで、さまざまな神聖幾何学のクリスタルグリッドを紹介してきました。神聖幾何学は、あなたが目指す方向性さえ決めていれば、石と合わせることで、とても強力な魔法を発動します。

ここまで読み進めてくださったあなたには、**すでにクリスタルグリッドの魔法がかかり、エナジーフォトを通して、多くの開運効果も得られています。**

本を読んだ後、どんなことが起こるかを楽しみにしていてくださいね。

さてこの辺で、そろそろ石を並べてみたくなった人もいるのではないでしょうか？　とはいえ、神聖幾何学と天然石を用意するのは大変なことですね。

じつは神聖幾何学や天然石がなくても、グリッドを作ることはできます。

天然石が周りにない場合は、近所で石ころを拾ってみてください。

道端や河原の石ころを拾うことができたら、その石ころを好きに並べるだけで、立派なクリスタルグリッドを作ることができます。

そのときのポイントは、お気に入りの石ころを使うことと、その石ころを**流水や月の光で浄化することです。**

道端の石ころは瀕死の状態

道端の石ころたちは、この世界のネガティブなものを吸い取ってくれています。

「今日も疲れたなあ」と感じて道を歩いている人がいたら、**道端の石ころは、その人を癒すために働いています。**

もちろん、瀕死《ひんし》ではない石もありますが、基本的には瀕死と捉えるといいでしょう。瀕死の石には精霊が宿っていません。

ですから、そういった石ころを拾ってきたらまずは流水で洗ってあげましょう。**そして丁寧に拭きながら、自己紹介をしてください。**

「わたしの名前は○○です。こんにちは。あなたがかわいくて拾ってきました。今日はよろしくね！」

こんなふうに話しかけて、石にあいさつをしましょう。それだけで、瀕死の状態の道端の石ころも、元気を取り戻し、精霊を宿す準備をします。

そしてもし、あなたがそうしたければですが、**石の名前を聞いてみるのもおすすめです。**呼んでほしい名前を教えてくれる石もあれば、好きな名前をつけてほしい石もいます。

「あなたの名前は何ですか？」と心の中で聞いてみて、何も感じなければ、好きな名前をつけてほしいということです。

こうして、拾ってきた石ころの浄化や名づけが終わったら、好きな形に石ころ

たちを並べてみましょう。

石はひとつでもかまいません。ひとつだけ気に入った石ころを拾ってきたら、その石の下に、願い事を書いた紙を置いてみてください。

いくつかある場合は、好きに並べた石ころたちのどれかひとつを選んで、その石ころの下に願い事を書いた紙を入れます。石ころと一緒に葉っぱや花びらを並べるのも、とっても楽しいです。


これで、簡単なクリスタルグリッドの完成です。

石の下に願い事を書いた紙を入れると、道端の石ころだとしても、精霊が願望実現を後押ししてくれます。

このグリッドは、すぐに崩してもいいですし、好きなだけ置いておいてもOKです。月明かりの下に、一晩置くのもおすすめです。使い終わった石ころは、お礼を言って元あった場所に返すのが最善です。


このように、神聖幾何学がなくても、天然石がなくても、あなたは石の魔法を

試すことができます。

石ころを拾ったり並べたりすることは、小さな子供たちにとって当たり前の魔法のひとつです。意味を忘れてしまっても、**何だか楽しくて子供の頃にやっていた遊びには、魔法がこもっていることがよくあります。**

大人がこのような魔法を思い出すことが、未来の子供たちにとってとても重要なのだと、石は教えてくれます。

あなたはすでに、精霊使いです。

道端の石ころの精霊を並べて、魔法を発動させることができる存在です。

それを忘れなければ、クリスタルグリッドの魔法は、いつもあなたを応援してくれます！

Chapter 4

魔法使いのあなたへ……
石と魔法とアカシックリーディング

魔法を受け入れることは、「愛」を受け取ること

石の精霊たちに、よく言われることがあります。

「人間は、愛を受け取るのが下手《へた》くそだ」

「どんどん幸せになっていくのが怖いのが人間という生き物なのだ」

わたしたちには、良いものに対する恐れがあります。

そのせいで、石からの愛を受け取るのがとっても下手くそ。

わたしも元々は愛を受け取るのは下手でしたが、石の魔法を知ってから、昔に比べると断然生きやすくなりました。

魔法を受け入れることは、「愛」を受け取ることと同じです。

「魔法ってあるんだ！」という体験を重ねていくうちに、自然と愛を受け取れる

ようになってきたと感じます。愛されていると感じる瞬間が増えて、幸せになっていくことを許可できたのだと感じています。

この本を読むことで、あなたの脳が魔法を少しずつ受け入れているとしたら、あなたは同時に、石の愛を受け取っています。

目に見えないものを、自然と受け取れるようになっていきます。

そうなるように、たくさんの仕掛けがほどこされている本なのです。

章立て、構成、写真、表紙のどれもが、**石のエナジーをもつ本になるように仕組まれています。**さらに幾何学模様のエナジーを転写し、持っているだけで、石やクリスタルグリッドと同等の作用があるように作ってあります。

愛をたくさん受け取って、あなたのエナジーが外側にあふれ、世界に良い影響を与えると、それがまたあなたに願望実現という形で返ってきます。

石に願いをかけるとは、あなたのエナジーが世界に放出されて、大きくなって返ってくることなのです！

さあ、より大きなエナジーを受け取るために、この章では石と魔法とアカシックリーディングという、あなたの知らない世界を切り開いていきましょう。

クリスタルチルドレンがもっている「秘密のすごい能力」

クリスタルチルドレンという言葉を、聞いたことがありますか？

一般的には、1990年代後半から2010年くらいまでに生まれた人を「クリスタルチルドレン」と呼びます。

ですがわたしは、その年代以外の人でも**石が好きな人のほとんどがクリスタルチルドレンの資質をもっている**と考えています。

クリスタルという言葉がつけられていますので、何となく、水晶のような人々なのかなと想像できますね。

石が願いを具現化する魔法が得意であることは、あなたも何となく理解してくださったと思いますが、**クリスタルチルドレンも、願いの具現化が大変上手な人々です。**石のように純粋無垢《むく》で、願いを放つのが得意なのです。

また、クリスタルチルドレンは、トレンドセッターです。**トレンドセッターとは、何かが流行《はや》る前からその事柄に興味を示して広めていく人たち。**

わたしがいま、これから流行るものとして注目しているのが**「天然石」と「魔法」です。**これから来る石と魔法の時代を、いち早く察知しているのが、クリスタルチルドレンだとわたしは思っています。

あなたが何歳だったとしても、クリスタルやクリスタルグリッドに癒されるのなら、クリスタルチルドレン、もしくはその家族です。

あなたや、あなたの身近な人が興味をもっている事柄は、将来的に大きなムーヴメントを起こすかもしれません。というのも、クリスタルチルドレンは、文化やアートを使って新しいものを生み出すことが得意で、**「古くからあるものを大きな流れにする力」をもっているのです。**

そして、天然石と同じように、何かを具現化する能力にとても優れていますから、その力が発揮されたら、大変な魔法を生み出すかもしれません。

「クリスタルチルドレンが安心して行動したとき、とてつもないものを生み出す」

そう石は教えてくれます。

いままでに世に出た素晴らしい映画やアート、音楽、漫画も、クリスタルチルドレンが生み出しているというパターンはけっしてめずらしくありません。

世の中が気づいていない兆しを察知するトレンドセッター

ただ、クリスタルチルドレンはとても繊細で、孤独を感じやすいタイプ。周囲が気づいてあげられるかどうかが、大切になってきます。

自分と同じような人がいないと感じることが多く、素晴らしいアイデアや、興味あるものを人に話せないまま、閉じ込めているクリスタルチルドレンも多いのです。石が大好きだけど、家族の理解が得られなくて、引き出しに仕舞い込んでいるという話もよく耳にします。

本当にやりたいことや好きなものを心に仕舞ったまま、苦しみを抱えている場合もあり、価値観が違う人との共存が課題でもあります。

もし、あなたがそのような孤独を感じているとしたら、クリスタルグリッドのエナジーフォトを眺めましょう。

世界中のクリスタルチルドレンと共鳴し、次第に安心を得られるでしょう。

あなたの好きなものや、やりたいことは間違っていません。

トレンドセッターゆえに、まだ世の中が追いついていないだけなのです。

あなたと同じものが好きな人と繋《つな》がれるように、クリスタルグリッドの力を借りて、仲間を見つけるためにちょっとした行動をしてみましょう。

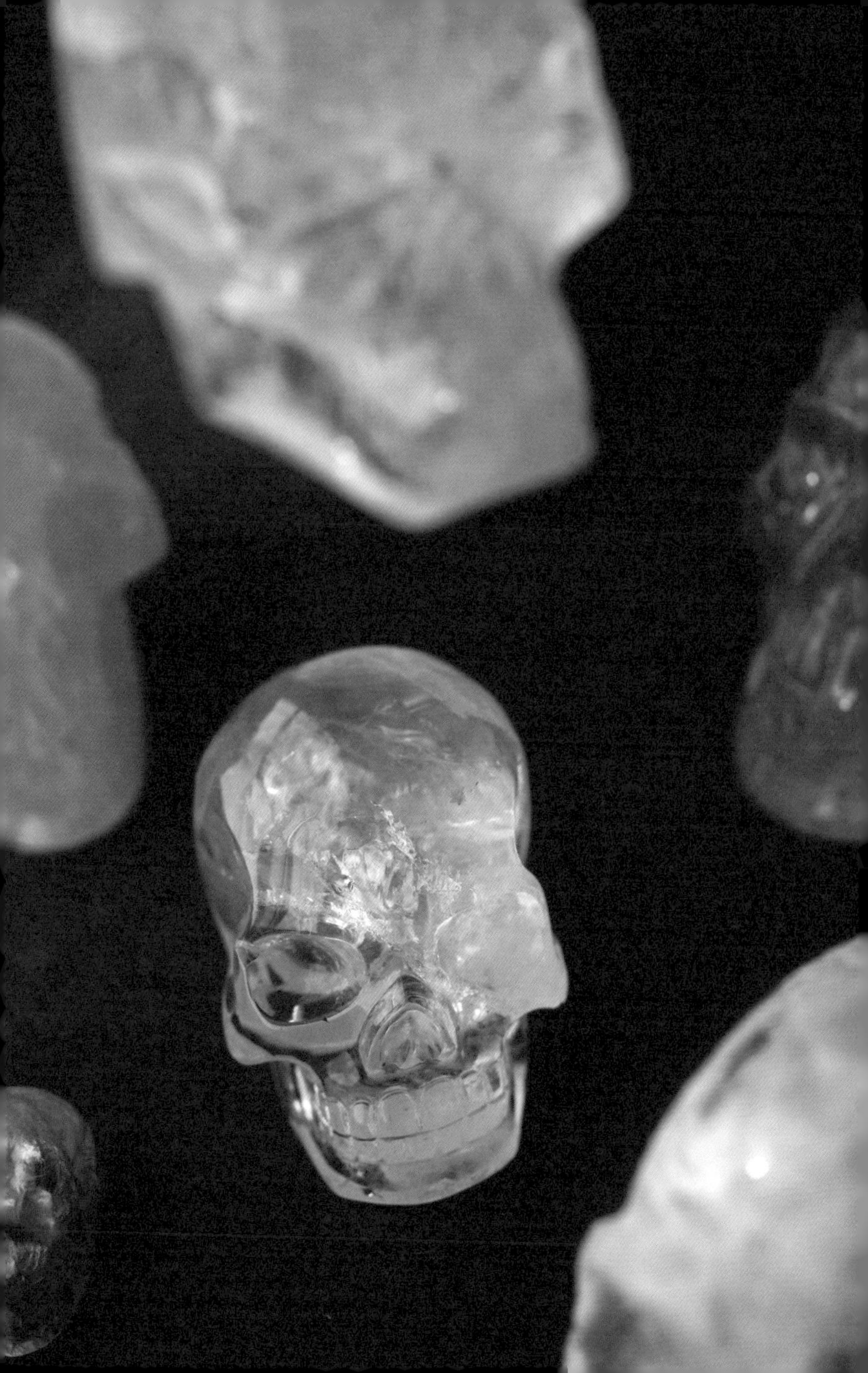

この本に願い事を書いた紙をそっと挟んだり、「わたしは自分の好きなものに、共感してくれる人と出会います」と心の中で言ってみたり、ただそれだけでもいいのです。**小さな行動が、いつか大きな波になるのがクリスタルチルドレンのもつ魔法です。**

また、**クリスタルチルドレンは、肉体をもっていることを不思議に思っていて、魂の感覚が強い人々**です。

実際にわたしも、肉体の限界を考えずに行動して疲れ果てたり、眠ることを忘れて石を眺めたりすることがあります。

そういう人々にとって、クリスタルグリッドのエナジーは、肉体の違和感を修正して、自分が純粋な叡智《えいち》をもっている存在だと気づかせてくれます。

クリスタルチルドレンのお子さんがいる家族にも、この本のクリスタルグリッドのエナジーを、ぜひ取り入れていただけるとうれしいです。

そうすることで、クリスタルチルドレンが本領を発揮し、ひいては世界全体を平和に導くことを加速できるからです。

あなたが石について深く知らなくても、クリスタルチルドレンという言葉に出合ったならば、そこには必ず意味があります。

あなたや、あなたの大切な誰かの眠っていた才能が花開く合図かもしれないのです。

最先端で最古の魔法道具とは？

さて、次は魔法道具についてのお話です。

これはわたしにとって、とてもワクワクする分野なのですが、あまりにも「最先端」ともいえますし、逆に「最古」ともいえます。

ただとにかくいま、「ワンド」について触れておくことが大事だというメッセージが来ています。

ワンドというのは、魔法の杖《つえ》のことです。

魔法使いの必需品のひとつであり、ワンドを振ることで魔法を発動させることは、古代の魔法使いの基本です。

なぜ、ここでワンドのことをご紹介するかというと、やはり魔法使いが知っていて損がないと思うのが、ワンドの知られざる能力だからです。

ここでは、あなたが実際にワンドを持つ必要はありません。

ただ、ワンドの威力をこの本で知っていただき、もしできるのなら、**鉛筆の両端を削ったものを振っていただければ最高です！**

わたしがワンドに出合ったのは、石を好きになってから間もなくのことでした。引き寄せられるようにワンドに出合い、わたしの人生はそこでまた大きく変わりました。

ワンドに出合うまで、魔法の杖はエンターテインメントだと思っていました。

「鬼に金棒」「虎に翼」といったことわざのように、比喩として魔法使いにワンド

を持たせているのかな、と思っていたのです。

でも、実際にワンドに触れて、使ってみるうちに、それは比喩ではないと知りました。

ただでさえ、石の魔法を知ることはとても強力な魔法を得ることだったのに、**そこにワンドが加わることで、無敵の魔法使いを創造するようになりました。**

ワンドを持ってから、わたしは導かれるように、大切な仲間たちと出会いました。わたしが「魔法使い」と呼んでいるその人たちは、ちょうどお互いに仲間を探していたのかもしれません。「魔法使いオンラインサロン」という、何とも怪しげな場所に集まったのは400名以上。当時のわたしにとって、それだけの人が集まってくれるサロンを立ち上げるなんて、夢のようなことでした。

これらのことは、過去のわたしが絶対に想像し得ない現実です。

なぜなら、わたしは昔から、誰かと一緒に何かをすることが嫌いでしたし、そんな面倒なことをするくらいなら、細々と占いをしながら、誰も知らない場所でアルバイトをした方が楽だと思っていたからです。

でもいまは、仲間と一緒でなければ、自分の使命は達成できないと知っています。面倒さを差し引いても十分に余る喜びを、仲間たちと活動するうちに感じられるようになったのです。

鉛筆の両端を削るだけでワンドはできる！

ワンドは、基本的には木で作られています。

ワンドとして磨かれた木は特別な力をもっていて、見えないものや、見えない出来事を動かすことができます。

Chapter2 でお話ししたダブルターミネーテッド（ＤＴ）の形は、ワンドに適した形をしています。木で丁寧に作ったワンドは特別なものになり、石のようなエナジーを宿しています。

わたしがよく使っているのは、そこにさらに天然石を加えたワンドです。他にも、金属で作られたワンドや、動物のツノで作られたワンドなど、用途や魔法のレベルに合わせて、さまざまなワンドが存在します。

あなたがもし、ワンドをすでに持っている稀《まれ》な日本人ということでしたら、ぜひそのワンドを振りながら、向かいたい未来をイメージしてください。

詳細にイメージする必要はなく、ただ、**最高の未来から引っ張られているようなイメージをしながら、気持ちよくワンドを振るだけで大丈夫です。**

ワンドの振り方は直感に任せれば良いですが、もしわからなければ、**時計回りにクルクル回す**といいでしょう。

とはいえ、多くの方がワンドを持っていないでしょうから、まずは鉛筆の両端を削った「ダブルターミネーテッドワンド」をクルクルと振ってみてはどうでしょうか？

ワンドを作るという意図で、鉛筆の両端を削るだけです。体感が得られるかどうかはあなた次第ですが、それを使えば、確実にあなたは、最高の未来へと向かうための一歩を踏み出すことになります！

そして、この本に向かってワンドをクルクルすると、本に宿った精霊が、あなたを優しく癒してくれるでしょう。「この本のエナジーを受け取ります」と宣言して回すのも良いですね。いつでも簡単にできますからぜひ試してみてください。


わたしはそうやって、ワンドと石の魔法を使って、過去の自分では考えられないようないまを引き寄せてきました。けっして難しいことをしたわけではなく、ただ楽しみながら試していただけです。

そうやって、あなたのエナジーを日々動かしていると、そのうちに現実に反映されます。

小難しい魔法も、世の中にはたくさんありますが、この本と鉛筆だけでできるワンドの魔法は、きっとあなたが思っているよりも強力ですよ。

死の瞬間、石はどんな役割をするのか？

わたしは、石とお話ししたくてアカシックリーディングを学びました。

アカシックリーディングとは、**Prologue**でもお話ししましたが、この世のすべての情報が集まる「アカシックレコード」にアクセスする方法のことです。

結果的に、いつの間にか精霊たちとチャネリングまでできるようになりました。でも、アカシックレコードが教えてくれるのは、石のメッセージだけに留まりません。

これから話すことは、わたしがある女性の過去世を、アカシックレコードからリーディングしたときに見えた物語です。

その女性の過去世は、エジプトの女性でしたが、いまでは見慣れない仕事をしていました。

王の遺体に、小さな宝石を並べて、その王のスピリット（人間を構成している見えないエナジー）が肉体から離れていくのをサポートするという仕事です。

スピリットというのは、地球にあるエネルギー体です。

人間は3つの層で作られています。魂・肉体・そしてスピリット。

このスピリットというのは、石の精霊とは違います。

わたしたちは、生まれるときに肉体に魂を宿しますが、同時にスピリットも宿して、三層で生まれてきます。

わたしたちは、スピリットがあるからこそ、もっと成長したい！　という気持ちになるといわれています。

スピリットはわたしたちを成長させるエナジーですが、死とともにスピリットは体から離れてそれぞれの粒子は土地に還《かえ》ったり、天に舞い上がったり、近くにいる人と混ざりあったりします。

そのスピリットが、**体から離れていくその瞬間に、石の精霊たちが立ち会い、次の役割につくまでを助けるという働き**を、わたしははっきりとリーディングしました。

その女性の過去世は、人間の「死」という、もっとも神聖な瞬間に、石とともに立ち会う仕事でした。

スピリットがその場から離れていく瞬間を見守る、何とも尊い時間。それをサポートするのは、人と石だったのです。

石は人の死の瞬間にも、目に見えない世界と、この世界を繋ぐ役割を担っていました。

もしかしたら、わたしたちが死んだら墓石の下に入るのは、次の役割へうまく移行するためなのかもしれません。

石はいつの時代にも、見えるものと見えないものを結ぶ、魔法の道具として使われてきたのです。

願いをかなえてくれるのは未来のあなた

このように、アカシックリーディングを通して、目には見えない石の役割を知ることは頻繁にあります。

わたしがアカシックリーディングを通して知ったことは、どんなに理不尽に見えることが起きたり、つらくて生きているのが嫌になったりしたとしても、それは**これから起こる奇跡へのプロローグだということです。**

わたしたちは、いつも最善の未来に引っ張られて、ここに立っています。

あなたがこの本に出合ったのは、過去の積み重ねによる結果のように見えますが、じつは違います。未来で、すでに願いをかなえているあなたが、いまのあなたをこの本に出合わせているのです。

あなたの願いをかなえるために、未来のあなたはあらゆる手段を使って、良い

未来に引き寄せようとしてくれています。

あなたに、これらの問いをプレゼントします。

「より良い未来にするために、わたしは今日どんな行動をする？」

「より良い未来のために、わたしには今日、何が必要？」

「より良い未来になったら、わたしはどんな気持ちになる？」

これらの問いは、あなたが「自分の未来に期待する力」を大きくしてくれます。答えが思い浮かんだ人は、すごいです。思い浮かばなくても問題ありません。わたしも、疲れていると答えが何にも出てきません。

もし、あなたがいますぐに答えを見つけられなくても、**これらの問いに出合えたことは、今日のあなたの収穫です。**

わたしたちは、大人になるにつれて、未来の自分に期待する気持ちを失いがちです。お金がなくならないか、病気にならないか、仕事を失わないか……。自分の未来に対して期待どころか、不安を募らせている大人がどんなに多いことか。わたしたちが魂の目的を忘れ、社会のニュースや経済に翻弄されている限り、この不安を拭うことは難しいでしょう。

目に見える情報だけを追っていると、本当は何がしたいのかがわからなくなります。だからこそわたしたちには、**純粋に、未来の自分に期待する力が必要です。**

「そういえば子供の頃、魔法使いになりたかったことを思い出しました」

こんなメールやお手紙を、わたしはいままでに何通もいただいてきました。その文面を読むたびに、わたしが子供だった頃、夜眠ってから、空を飛ぶ夢や、変身する夢を見ていたことを思い出しました。

わたしも魔法使いになりたかったけれど、それをすっかり忘れて大人になった一人です。

そんなわたしを助けてくれたのが、石であり、アカシックリーディングであり、ワンドでした。

そしていま、リーディングの能力をできる限り使って、この本を書いています。**アカシックが、石のエナジーを本に乗せる方法や、本を持つだけで魔法が発動するような章立てを教えてくれました。**

子供の頃にあこがれた魔法が、いまあなたが手にしている一冊の本の中にあるとしたら……、何だかワクワクしませんか？

あなたの願いをかなえてくれるのは、未来のあなたです。

石の魔法は、そのお手伝いをするに過ぎません。

気を緩めると、不安でいっぱいになってしまいそうなあなたを助けてくれる一筋の光を、この本で見つけてもらえたらうれしく思います。

石の精霊に願うチャンスは、他の誰でもなく、未来のあなたがいまのあなたにくれた、心ときめくプレゼントです。

アカシックリーディングで見た地球のゆくさき

アカシックリーディングで地球を観察してみると、**いま地球は、分離したものをひとつに統合していく流れに入っています。**

たとえば、大きな会社に就職することが一番良いとされていた時代は終わりに近づき、個々が輝く時代に入っていることを実感している人は、少なくないでしょう。

また、男性アイドルたちが、ぞくぞくと結婚しはじめたのも記憶に新しいですね。少し前までは、そんなことはご法度だったのです。

このように、いままでの社会的な価値観が失われ、新しい価値観に変わっていくのを、あなたも身近なところで感じているでしょう。

このように、**分離の社会には、ジャッジがあります。**

大きい会社に就職できたら素晴らしい。そうでなければ失敗だというジャッジ。アイドルは結婚してはいけないというジャッジ。これらは分離の考えです。

どんな生き方でも、その人が幸せならどの選択も素晴らしい。

これからはどんどん、そう感じる人が増えていきます。それが、統合の時代に向かっていくということです。

これからだんだんと、すべての価値観がひっくり返り、良いとか悪いとかいう価値観はなくなっていきます。いまはまさに、時代の変わり目です。

戦争が悲しみを生むことを、誰もが十分に理解しているはずなのに、戦争が起きてしまうような、とても混沌《こんとん》とした時代です。

分離と統合が、そこら中で行き交い、何が正解か、もう社会では決めることができません。

自分たちで選んでいかなくてはならない時代に、わたしたちは生きています。

この混沌とした時代の中で、石や精霊のエナジーを感じて生きることは、あなたの魂の喜びです。

わたしもあなたも、本当はどんな時代も選ぶことができたけれど、わざわざこの時代を選んで生まれてきました。

あなたの魂は、「いまあなたが感じていること」を感じたくて、ここに生まれたのです。それが喜びだったとしても、悲しみだったとしても、はたまた、何も感じられなかったとしても。

そして、この混沌とした中で真実を見出《みいだ》していくゲームを楽しんでいるのです。

地球に生まれる前、あなたはどこの惑星にいたのか？

宇宙の視点で見てみると、じつは地球はかなり滑稽な星です。

アカシックリーディングでは、クライアントの「出身惑星」をリーディングすることができます。そのリーディングした方々の出身惑星のほとんどが、地球よりもはるかに文明が進んでいました。

他の星では「願いをかなえる」なんてことは、奇跡でもなければ、楽しみなことでもありません。


願った瞬間にかなっているのが、地球以外の惑星の標準です。


「あ～、温泉行きたいな」と思った瞬間に、温泉に浸《つ》かっているみたいな（笑）。

距離も時間も関係なく、もちろんお金の心配もいりません。

お金というシステムを使っているのも、地球くらいですし、魔法を魔法と呼べるのも、地球くらいなのです。


他の星は魔法だらけで、それが普通。魔法という言葉はないかもしれません。

わたしたちのように、願ってからかなうまでの時間を、ワクワクと楽しむなんてこともできません。

ただし、これらのことは別次元で行われており、地球から目視することはできません。わたしたちが科学を駆使して、金星や水星を観察しても、生命体すら見つけることはできません。

ですが、アカシックリーディングでは、地球とは違う次元で起きていることを、映像や画像で見られ、音を肌で感じることができます。

あなたも出身惑星が気になりますか？

この本を読んでいる人はもれなく、先述したような、便利でハイテクですぐに願いがかなう星から転生してきています。星の名前はさまざまですが、間違いなくあなたは、願いを一瞬でかなえられる星から来ました。

わたしたちは魂レベルでは、本当は願いのかなえ方を知っていますし、自分が地球に生まれてきた意味も知っています。

でも、地球という滑稽な星は**「生まれるときにそれらの情報を、すべて忘れる」というじつに面白いルールを採用しているのです。**

そう思うとどうでしょうか？

あなたの人生がどんなに大変だとしても、そうなるとわかっていて、むしろその滑稽な経験を楽しむために、地球を選んできたということになります。

こんなに大変な地球で魂を磨いているなんて、とても勇敢で、成長したい魂なのですね。

ですからどんな経験も、わたしたちにとって楽なことではないけれど、魂の視点で見たときには、とっても楽しんでいるのかもしれません。

生きているだけで、あなたは十分に努力家

だんだんお気づきになった方もいると思いますが、このような時代を選んできたわたしたちは、はっきり言って〝息をしているだけで努力家〟といえます。

すべての叡智を忘れて、勇敢に地球に降りたってみたものの、「実際に生きてみたらつらすぎた」「死にたくなっちゃった」みたいなことは、一度や二度、いえ、それ以上あっても当然のことです。

本当に、この時代に生きるのは大変なことです。

そんななか、あなたはいまのいままで、息をして生きてきたんですよね？

それどころか、こうして読書をするくらい、努力してきたんですよね？

すごいことです。本当にすごいことだと思いませんか。


息をしているだけでも、大変すぎるいまの地球。

まだ、わたしたちが生きている100年くらいは、混沌が続きます。

昨日まで正解だった考えが、今日は真逆になってしまうような、スピード感ある時代の移り変わりの中で、わたしたちはどう生きたらいいのでしょうか。

アカシックで見た地球を通して、わたしが伝えたいことは、もうこれ以上、願いをかなえるために「がんばらなくていい」ということです。


わたしはどちらかというと、何でも割と努力して、がんばってきたタイプだと思っていますが、これからは肩に力を入れて、歯を食いしばってやってきたことが、身になる時代ではないと感じています。

それよりも、石がかわいいなあとか、ちょっと石と話してみたいなあとか、**遊びのようにやってきたことが、いまとても身になってきています。**

自分が面白いと感じる心に素直になることが、この時代に必要な行動の基準なのだと思います。

願いをかなえるために、あなたがやるべきことは、この本に願い事を書いた紙を挟むことくらいです。

そのくらい、簡単に考えてみてください。

簡単に願いがかなう世界に、これからわたしたちは移行していきます。

未来からあなたを引っ張っている、より幸せな未来のあなたがいます。そのあなたを感じてみてください。

精霊は神様のエナジーから生まれた粒

ここまで、石は精霊を呼ぶということをお話ししてきました。

石は精霊を呼ぶことで、あなたとの会話をスムーズにして、あなたの役に立てるように準備をしているのです。

とても健気《けなげ》でかわいいですよね。

では、なぜ精霊は石に呼ばれたら素直に反応し、わたしたちの願望実現に力を貸してくれるのでしょうか？


それは、精霊は、あなたそのものだからです。

精霊をリーディングしていると、不思議な気分になってきます。

精霊という実態をときどき、目で見ることはありますが、だんだんとその精霊は、自分と重なっていくんです。

「わたしはあなただよ」と、石に言われることは毎日のようにあります。

美しいな、と思いながら石を眺めていると「この美しさはあなたの中にあるよ」という声が聞こえてきます。

Chapter 1 にも書いたように、わたしたちはリキッドクリスタルであり、石から人間を見たらとても神様に似ているということを石は教えてくれました。それはつまり、わたしたちの中に、神様がいるということ。

石は、わたしたちの中に神様を見ていて、それを教えてくれているのだと感じます。

そして、リーディング中に、精霊が自分と重なっていく感覚は、まさに「自分の内側に精霊がいる」という感覚なのです。

精霊は石に呼ばれる存在ですが、大元を辿《たど》れば神様とも繫がっています。

神様とはすべての源のことを指すのだとしたら、精霊はその源から派生したエナジーの粒です。

大元から派生したエナジーを、結局最後は、自分の中に感じるというのが、精霊をリーディングしていて出てくる結論です。

石の精霊は、あなたの内側と共鳴しています。

「精霊」と呼んでいるエナジーの粒は、あなたの一番純粋な部分と共鳴しているのです。

だからこそ、精霊はあなたの願いをかなえるために奮闘します。

あなたの一番純粋な部分があなたの一番の味方ですから、精霊があなたのために働いてくれるのは、当然のことですね。

誰もが「魔法使い」な驚きの理由

わたしたちは、普段はなかなか、自分の中に神聖さを感じることができません。

毎日、自分が精霊を宿している存在なのだと気づけたら、とても神聖な気持ちで生きていけるのでしょうが、実際には程遠いのが現実です。

それは、やはりわたしたちが視覚優位で生きていて、目に見えないものの存在を疎《おろそ》かに扱っているから。

この現代社会の中で、目に見える情報や、誰かが言っている言葉に踊らされ、何が本当かわからなくなることは多分にあります。

そういうとき、自分が何者なのかを見つけることは、どんどん困難になっていきます。そして、そうなっていることにすら、多くの人が気づかないまま日々を生きているのです。

あなたの中に、精霊はいます。

そして、いつもその精霊は、あなたに気づきを与えようとしています。

あるときは石に呼ばれ、またあるときは植物や虹に呼ばれて、あなたにメッセージを送っています。

あなたが、「世界は美しいな」と感じたとき、そこにはいつも精霊のエナジー

がいます。そして、そのエナジーはあなたと重なり、あなたのことを誰よりも応援してくれます。あなたを幸せな方向へと、導いてくれます。

すべての奇跡のような力は、あなたの内側に宿っているのです。

石と暮らし、石をリーディングしてわかったことは、人間の神聖さでした。

人間の内側にある力を、「魔法」と呼んでいて、それが使える人のことを「魔法使い」と呼んでいたのだと知りました。

このようなことがわからなくても、魔法は使えるのだけれど、せっかくだからそれを知って、魔法を使えたら最高です。

あなたの中にも、精霊がいること。

石を使うと、精霊を呼び出すことができるということ。

あなたが、神聖なる存在だということ。

それさえわかっていたら、あなたの魔法はきっと上達します。

魔法はけっして特別なものではなく、あなたの中から生まれるのです。

魔法はデザインできる！

「デザイン」という言葉がわたしは好きです。

デザインとは、日本語にすると「意匠」という言葉で表され、工夫をめぐらすことをいいます。

わたしは、すべての丁寧な仕事の中には、デザインが含まれていると感じています。

とはいえ、わたし自身は大変せっかちな性格であり、丁寧に暮らすこととは程遠い生活をしているんですが……（笑）。しかし、大事なところにはいつも「デザイン」を忘れないように心がけています。

勝手にそのような意識になっているといった方がいいかもしれません。

魔法の中には、「教えてもらったことを変えてはいけない」「教えてもらったことしかやってはいけない」というものがあります。

しっかりと作り込まれた叡智を授かるときに、その一部だけを取り出したり、やり方を変えたりしてはいけないときはあります。

しかし、魔法は基本的に制約がないものです。

魔法はあなたが作るものです。魔法はとても自由で、あなたのクリエイティビティを目覚めさせるものなのです。

誰かに教えてもらうのを待っていて魔法に目覚めるなんてことは、たいていの場合あり得ません。あなたがあなた自身の創造性に目覚め、魔法を自分のものにすることが魔法の本質です。

だから、あなたはあなたの魔法を創造してください。

工夫を凝らして、デザインしてください。

そしてどんどん、試してみてください。

どんなふうに現実が変わっていくのか、よく見てみてください。

この本に書かれている魔法は、ほんの一例に過ぎません。

この本をどう使うかは、あなたのクリエイティビティに託されています。

そしてこの本には、**読み手の創造性によっていかようにも変容できるような、エナジーの余白を作っています。**

読む人によっても、読む日によっても、この本からもたらされる気づきは変わります。

なぜなら、この本のエナジーも、あなたのエナジーも、毎日流動的なものだからです。ここに集まってくる精霊が日々変わるからです。

あなたの魔法を創造する誘導瞑想

それでは最後に、魔法を創造しやすくするための誘導瞑想をご紹介したいと思います。

この誘導瞑想は、いつでも気が向いたときに行ってください。
この誘導瞑想を録音して、あなた自身の声で聴きながら、目を閉じてみることをおすすめします。

目を閉じて、横になるか、楽な姿勢で座ってください。
深呼吸をして、息を大きく吸って深く吐きます。3回続けましょう。
それでは、あなたの体に意識を向けてください。

だんだんと、体が重くなっていくのを感じてください。
地球の重力に任せて、あなたの体はだんだんと、地面に埋まっていきます。
足も、胴体も、頭も、だんだんと地球の内部に入っていくのを感じてください。
あなたはいま、地中の奥深い、闇の中にいます。

真っ暗な闇の中で、あなたは静かに呼吸をしています。

そしてしばらくすると、ひとつのクリスタルを、地中に見つけました。
手が届かないくらいの距離に、そのクリスタルがあります。
ちょうど手のひらに乗るくらいのサイズをしています。

クリスタルが何色か、観察してみてください。
どんな形ですか？　どんな大きさですか？

あなたが見つけたそのクリスタルが、
だんだんと虹色の光を放ち、輝いていくのをイメージしてください。

虹色の光を放ったクリスタルは、
クルクルと回りはじめて、あなたに近づいてきます。
あなたは手を差し出し、両手でそのクリスタルを受けとめました。

手のひらに乗せたクリスタルは、あなたに石の魔法を教えてくれました。

それがどんな魔法で、
どのようにクリスタルを使うのかをよく聞いてください。

虹色に輝くクリスタルは、今日からあなたの魔法に使うことができます。
その魔法は、あなただけのものです。

イメージの中で、虹色のクリスタルを
あなたの胸の中に入れて溶け込ませてください。

それではゆっくりと目を開けて、あなたの魔法を書き留めてください。

これで、瞑想を終了します。

魔法は必ず、あなたに与えられます。

この誘導瞑想は、クリスタルに魔法の使い方を教えてもらえるまで、何度でも続けてみてください。**それが、魔法をデザインすることに繋がり、あなたのクリエイティビティの解放にも繋がっていきます。**

この誘導瞑想は、アカシックレコードとも繋がっています。

もし、うまくできなくても、**この瞑想をするだけで、願望実現の速度は加速します。**

すべての魔法は、あなたが体感し、作り上げていくものなのです。

Epilogue　マジカルな時代を生きるわたしたち

オーラ加工をした石が教えてくれたこと

わたしが初めて買った石の中に、エンジェルオーラアメジストがあります。
いつまでも、初めて買った石はわたしにとって特別です。
この子の名前は、アンバーといいます。
アンバーは琥珀《こはく》という石の英語名なので、アメジストなのにアンバーなの？
という疑問はありますが（笑）、アンバーという名前も気に入っています。

人工でオーラをまとわせた石を、初めての石のひとつとして選びました。

当時は石のことを何も知らなくて、オーラ加工にどんな意味があるかも知りませんでしたが、なぜかとても惹《ひ》かれたのです。

後からアンバーが教えてくれたことですが、**オーラ加工をほどこした石は持つ人に「気づきの意識」をもたらします。**

たしかに、アンバーを迎えた後のわたしは、自分の使命に向かう気づきの連続でした。気づくということが、前はとても億劫《おっくう》だったのです。

なぜなら、気づいてしまったら行動しなければならないから。

でも、アンバーはそんなわたしに気づきをくれて、行動するきっかけを与えつづけてくれました。

オーラ加工の石は「迷いを打ち消す」という効果ももたらします。

わたしは、いまでは迷うということがあまりありませんが、これは昔からの性質ではありません。昔はレストランで何を食べるか、永遠に決められないような人だったのです。

それが、いまでは迷いがなくなって、人生に対する姿勢がとてもクリアになりました。

気づいて、迷いなく、行動する。これができれば、多くの人は前に進める。そう、わたしは思っています。

最後に明かすこの本のエナジーの仕組み

この本はエナジーブックですが、本作りにあたり、何かひとつ中心となる石を決める必要がありました。

その役目を買って出てくれたのが、アンバーでした。

そのため、この本のエナジーはあなたに「気づきの意識」をもたらし、さらには「迷いを打ち消す」という設定になっています。

あなたがこの本を持ったり、読んだりすることで、前に進むことが自動的にできると、わたしは確信しています。

さらに、**アンバーだけがもつ独特な性質を、この本に転写しました。**

その独特な性質とは「オーラの第4の層を調整する」という性質です。

あなたという存在は、肉体部分だけがあなたというわけではなくて、肉体の外側にあるオーラ層も、あなたの一部です。

オーラは何層にも重なっていて、それぞれの層によって役割が違います。そして第4のオーラ層を調整すると、知識を強化することができます。

つまりこの本は、この本を読んで知った知識を強化して、**人生にうまく反映するように調整してくれるのです。**


また「この本の魔法を引き出す使い方」でご紹介したように、この本にはチャクラを整える効果があります。チャクラとは、多くのエナジーが出入りする場所を指していて、車輪のように回っているともいわれています。

アンバーが調整してくれる「第4の層」には、「メルチャクラ」というチャクラがあります。

メルチャクラは、あなたのお金の流れを活性化します。

これは、**Chapter 3** で説明した「シュリヤントラ」の効果とも同じです。シュリヤントラも、メルチャクラも、最高の修正ツールであり、あなたのお金の流れを最善の流れに修正し、活性化してくれるのです。

これらの効果を転写して、ふたつとないエナジーブックに仕上げたのが、この本です。ですから、この本を持っているということは、天然石が部屋にあると同じことだと思ってくださるとうれしいです。

この本は特に、**家や部屋の北側に置くことで、アンバーの効果を発揮します。**

最初にもお伝えしましたが、あなたは天然石を買う必要もなければ、魔法陣を組む必要もなく、ただこの本を部屋に置いたり、たまにパラパラとめくったりするだけで、エナジーを受け取ることができます。

ブラックマジックの達人だったわたし

大人になったわたしが、魔法に出合ったのは、いまからまだほんの2年前。

あるスピリチュアルの先生が「ホワイトマジック」を教えてくれました。

「『わたしにはできる！』という意識がホワイトマジックで、『わたしにはできない！』という意識がブラックマジックだよ」と先生は教えてくれました。

これを聞いたとき、自分の世界がバリバリと音を立てて崩れていくような、そんな感覚を経験したのを覚えています。

「わたしにはできない」というのはブラックマジックなの？

「わたしにはできない」というのは、この世界の真実ではなかったの？　いつの間にかわたしが「できない」と思い込んできたことは、黒い魔法だったの？

小さな頃からあこがれて、どこかにあると思ってきた魔法は、「ブラックマジック」という名前で、いつもわたしの近くにあったのでした。

そして、いつの間にかわたしはブラックマジックの達人になっていたのです。

できない星人になっていたわたしは、就職もできず、好きなことをやり遂げることもできず、ただ苦しみの中にいました。

「わたしにはできる！」というホワイトマジックに出合い、わたしはようやく、自分を笑い飛ばせるようになりました。ブラックマジックを巧みに使って、頑《かたく》なになって苦しんでいた自分を、少しだけ愛《いと》おしく感じました。

こんなに近くに、魔法はあったんだ。

やっぱりわたしたちは魔法使いで、いつもマジックをかけて生きていたんだ！

その事実が、どんなにわたしを勇気づけたでしょうか。

そしてどうやら、ブラックマジックは、ホワイトマジックよりも難しい魔法らしいのです。**ブラックマジックが上手なわたしは、ホワイトマジックをさらに上手に使いこなせるということらしいのです。**

どうでしょう。あなたの中にも、魔法が息づいていると思いませんか？

ブラックにせよ、ホワイトにせよ、わたしたちはほとんどすべての瞬間に、魔法を発動させています。

そしてあまりにも正確に、意図通りの未来を引き寄せているのです。

いまは、時代の転換期です。

いままでの非常識が、常識になっていく不思議な時代です。

わたしたちの魂が、この「時代の転換期」に生まれることを選んだのは、ブラックマジックをホワイトマジックに変える奇跡を味わいたかったからではないでしょうか。

無力な自分をやめ、何でもできて幸せに生きる自分になることは、この地球でいまという時代を生きているわたしたちにしか味わえない変容です。

もう少し後の未来には、きっと願いをかなえることは、魔法でも何でもなくなって、当たり前のことになっていくでしょう。

魔法使いはいつでも実践している

この本に書いてあることや、この本の使い方が真実かどうかは、これを読んでいるあなたが決めてください。本を実際に手に取ってしばらく眺めたり、手元に置いたり、願い事を書いた紙をそっと挟んでみたりして、あなたが自分の中の変化に気づいていくことでその真実がわかるでしょう。

自分自身の変化に気づいて、日々の生活の中で楽になったり、魔法を感じられたりしたら、それはあなたが石の魔法を使えた証拠です。

魔法使いはいつでも、実践しています。

たくさんの魔法を実践して、実感して、マジックを密《ひそ》かに楽しんでいます。

この本を通して、マジックを楽しんでください。

そしてもし、日々の生活に少しでも魔法を感じたら、それを宝物のように大事にしてほしいのです。昨日よりも少しワクワクできたら、1年前よりも少し自分が楽しんでいたら……。それはあなたが石の精霊に出会ったということです。

この本を通して、あなたが石のエナジーを感じてくだされればうれしいです。

最後に、この本を編集してくださった金子尚美編集長、最後まで支えていただき本当にありがとうございます。また、出版を後押ししてくださった高橋朋宏学長、アカシックのヒントをくれたゲリー・ボーネル氏、魔法の先生である杉下ヒトミちゃん、たくさんの叡智《えいち》をいただき感謝しています。そして、マジカル通信の魔法使いである岸祈里ちゃん、安藤香織ちゃん、野寄覚令ちゃん、平岡充乃介くん。多大なるご支援と、いつも変わらぬホワイトマジックをありがとう。

愛すべき家族と、いつも応援してくださったお客様、石屋のスタッフ、秘書やアシスタントのみなさん、Linのみなさん、マジカル通信メンバーのみなさん。みなさんがいたからこそ、この本を完成させることができました。本当にありがとうございました。


そして、最後までこの本を読んでくださったあなた。

もし、何かを変えたいと思っているなら、それをするのはいまです。

ついにそのときが来たのです！　周囲をリスペクトして、自分をリスペクトして進んでください。

あなたの日々が、さらに拡大し、ワクワクとキラキラであふれますように。

石はいつまでも変わらず、あなたを応援してくれています。

ありがとうございました。

葉月ゆう

165ページ……… ガネッシュヒマール産水晶、スーパーセブン、アズライト&クリソコラ、クリアクォーツ、アマゾナイト

169ページ……… レッドジャスパー、カーネリアン、サンライズオーラクォーツ、タンジェリンオーラクォーツ、クリアクォーツ、チェリーブロッサムアゲート、フローライト、ムーカイトジャスパー

173ページ……… ヒマラヤ水晶

175ページ……… アンダラクリスタル、エッジドアメジスト

181ページ……… アクアマリン

185ページ……… クリアクォーツ、ガーニエライト、ナチュラルシトリン、フローライト、ローズクォーツ

189ページ……… ナチュラルシトリン&アルバイト、イエローオーラクォーツとソーダライトのマグダラのマリアワンド、アメジストのワンド、ナチュラルシトリン、イエローオーラクォーツのこどもワンド、オレンジカルサイト、シヴァリンガム

213ページ……… トカンティンス産クリアクォーツ

217ページ……… アクアマリン、フローライト、ブルーカルセドニー、ブルーセレスタイト

224ページ……… エンジェルオーラアメジスト、レムリアンシード、パープルミストオーラクォーツ、フローライト、エンジェルオーラクリアクォーツ

本書収録エナジーフォト

石、その他紹介

[著者]
葉月ゆう　はづき・ゆう

石の魔術師。エナジーフォトグラファー。

愛知県生まれ。愛知県立芸術大学大学院美術研究科デザイン専攻修了。

大学院修了後、フリーフォトグラファーとして活動しながらも、愛知県立芸術大学、名古屋学芸大学で非常勤講師を歴任。

その後、天性の第六感を活かして、複数の占術を学びはじめる。四柱推命、タロット、手相、アカシックリーディングを中心にオリジナルセッションを展開。10年で約2500名を鑑定。結婚数年後、スピリチュアルな活動を休止し、ヤクルトレディのパートを始めるも、人生に迷い悩みながら過ごす。第二子出産後、突然石から話しかけられる体験をする。そこから、本格的に石について学びはじめる。自ら実験台として「石の魔法」を使い、月商0円から最高月商3700万円となる。

その後、天然石やアクセサリー販売のTone, inc.、占いを専門とする株式会社miss you Linを設立し、代表取締役として就任。たちまち年商2億円を超える。

現在、石と魔法を広めるためのさまざまな活動をしている。

石に願いを

2023年３月20日　初版発行
2023年４月10日　第２刷発行

著　者　葉月ゆう
発行人　黒川精一
発行所　株式会社サンマーク出版
〒169-0074 東京都新宿区北新宿2-21-1
☎03-5348-7800
印　刷　中央精版印刷株式会社
製　本　株式会社若林製本工場

ISBN978-4-7631-4041-8　C0030
ホームページ　https://www.sunmark.co.jp